Cuba 2018: identidad cultural nacional y caribeña

Notas en Facebook

José Millet

Ediciones Fundación Casa del Caribe, Los Teques, Estado Miranda, 2018

A mi familia de la calle Bayamo 70, de la ciudad de Santiago de Cuba, Joel James Figarola (+) y Pilar Pérez, a sus hijas Pilar "Pilarín" y Viky con sus hijos "Los Yoyos" Joel y Raúl Regalado; Ramiro y Camila Remón, con los gajitos de su tercera generación, que me han honrado al hacerme parte de una familia que se compromete en el amor y la honradez en el legado del que formamos parte unos y otros, donde quiera en que nos encontremos.

Cuba: exilio e in-xilio o la burbuja volátil de la cubanía
Aviso acerca del Triángulo del Caribe

Soy de los que piensa que antes que de *cubanía* hay que hablar de identidad *oriental*. En Oriente en los arroyuelos que se despeñan desde la sierra o el olor de El Caney donde se tejió la telaraña de la vida apegada al sentimiento de lo propio nacional. Allí donde viví mix años felices en allí fue donde brotó de un manantial imantado el sentimiento de patria que el exilio interior se encarga de endurecer como pellejo de caimán detestable o el exilio exterior añora o prefiere olvidar porque suele ser hiriente. En esas aguas me bañé dos veces, desafiando a Heráclito de Éfeso y desde la música cantarina de su choque con las piedras escribo, he escrito desde el comienzo al presente sin la vana ilusión de que alguien me escuche. El resto son vagas elaboraciones de afirmaciones que la gente puede encontrar en mis libros o en mis libretas de notas de etnólogo trasnochado, si es que las hallan vivas porque mis actuales desventuras han estado a punto de la destrucción de mis bibliotecas personales lo mismo en mi apartamento 7 del edifico 14 del reparto Pastorita Núñez, en mi Santiago de Cuba, que en Venezuela, donde vivo desde mi exilio involuntario por arrechera ante el cáncer de la burocracia desde noviembre 4 del año 2005. Me apesta la mano extendida del pordiosero: prefiero morir al pie el tronco con el fusil terciado mirando al horizonte por donde aparecerá el lector que sepa apreciar el esfuerzo de haber encallado en un país ocupado por los soldados de la inmediatez del oro negro

Yo subrayo: José Millet

Durante mis visitas a Miami en la década del 90, encontré en el seno de familias y de grupos de orientales agrupados en las famosas "casas" de cada ciudad, a cuyo encuentro me llevaron amigos de Santiago de Cuba, más sentimientos de cubanía que el que experimentaba cuando impartía clases a muchos jóvenes universitarios o en los encuentros con personas de diversas edades a lo largo de la Isla, adonde me condujeron mis Paticas Millet en los frecuente trabajos relacionados con la organización del Festival del Caribe, que realiza cada año la Casa del Caribe desde 1981. Esa percepción no la podía ni siquiera expresar en la intimida con o entre amigos, a quienes aprecio, porque era motivo de la más severa represión   política. Luego también, en la visita a otros países donde contacté la realidad del exilio cubano, pude ratificar esta misma experiencia repetidas veces. En alno caos, viraban el rostro, porque no se podía dar un paso atrás porque sencillamente estaba vetado el regreso sobre todo si te habías ido a los USA, por ejemplo o los cubanos cortaron cabos definitivamente con el castro-comunismo del que mucho *vivos* vivieron y siguen viviendo de los tontos útiles que piensan o anhelaban su caída…pero desde "fuera" de la Isla.

Aun en Guadalupe, en Barbados, en Martinica, en Angola en plena guerra, en la casi tambaleante y próxima a su caída URSS, en Polonia,

Checoslovaquia, Alemania, en Puerto Rico y en España, Portugal, Islas Canarias… se repetía el mismo patrón: los cubanos se mantenían en su nicho originario aun expuestos a los más devastadores factores de erosión y corrosión, factores tanto de naturaleza natural orgánica como inorgánica, mineral, vegetal y animal. Los hechos que iba comprobando, constituían indicadores de que Algo extraño o inusual estaba sucediendo en la Isla que nos estábamos destiñendo por efecto el cansancio o la monotonia *del país de la TV* y, mientras viví en el iglú o en una supuesta burbuja de oxígeno roji-negra o verde-oliva, había tenido la firme convicción de que nuestra idiosincrasia estaba blindada a prueba de bala de fusil Ak.

Aquella percepción ahora se ha convertiría en una desoladora verdad al experimentar en carne propia el impacto del turismo en la empobrecida sociedad cubana de mediados de los 90 luego de la caída el Muro e Berlín, de ahí que la estampida migratoria autorizada por el gobierno del año 1994 produjera un impacto muy fuerte en mi espíritu, destrozado porque ya había vivido la trite experiencia del *Mariel* y las acciones violentas asociadas con aquella emigración forzada por el gobierno en repuesta a la política migratoria e espaladas mojadas, perdón de los *pies seco, pies mojados* del gobierno estadounidense. El texto "El Olor a Cuba", de la escritora guantanamera Belkis Cuza Malé me ha llevado a ratificar algunas ideas expuestas en mi anterior texto publicado en Facebook. No existe cubanidad, en efecto; existe esa cubanía que nos lleva al desierto de Egipto a rentar camellos, a tratar con todo tipo de personas del planeta, incluso a hablar el idioma del lugar y morir añorando el dulce sabor del congrí. Me interesaría que el guantanamero e historiador Ángel Velázquez leyera mi texto titulado "El Cubano, ¿congrí o moros y cristianos?" que me publicaron hace algunos años mis colegas de la Universidad de Varsovia, el que tiene la intención de subrayar que la cubanía no nació en cualquier parte de la Isla ni brotó del fondo del océano (como escribió Lezama), sino que brotó y se forjó en su extremo más del Oriente insular, no por mera casualidad sino por la concurrencia de muchos hechos— entre los que están, en primer lugar, el de naturaleza geográfica e histórico , que nos permite visualizar que el primer mártir de la liberación fue un haitiano-del cacique Hatuey--...

¿Por qué? En ese territorio del extremo Oriental—que dibujo como un Triángulo con vértices en Manzanillo, recorriendo la llanura del Cauto con Bayamo en el centro, Santiago de Cuba mirando al Caribe en el sur y hasta Baracoa con luces de Haití desde las montañas de Maisí en días despejados del Paso de los Vientos—de la Isla mayor del archipiélago que llamamos Cuba, se produjo la resistencia de los pueblos originarios que se unieron en el palenque—iba a decir, en el cumbe—en el proceso inicial de la conquista cruenta y la prolongada colonización llevada a cabo por España, de cuyas entrañas brotó el sentimiento patrio, forjado en el fuego de la lucha en lo profundo de aquel tiempo teñido de sangre y con olor a tierra húmeda, quiero decir, de amor por el nicho donde se ha nacido, a guarapo de caña de azúcar en la cunyaya oriental o en el trapiche y a ladridos de perros, de rifles del *rancheador*, a pólvora persecutoria y, en definitiva, a horror a las tiranías. Eso lo han demostrado los estudiosos de la literatura y la cultura cubana en diversos textos dispersos y que no suelen estudiarse en los salones de clase ni aparecer coherentemente en los textos de estudios.

Hay que combinar la verdad de las ciencias exactas con la verdad de la Poesía, como la que aporta con belleza y resplandor de estilo Belkis Cuza en el texto antes indicado, con su producción literaria personal y en su invaluable revista, publicada contra viento y marea, durante años y que ha alimentado la espiritualidad del exilio cubano en los USA y a escala continental, planetaria; y las verdades las que han aportado muchas personalidades que nos han antecedido, muchas de ellas cubanos excepcionales, como Cintio Vitier y de otros países, como el dominicano Max Henríquez Ureña, asentado en la capital del Oriente de Cuba, entre otros.

Agradezco los comentarios de varios colegas y escritores, como Joann Vega, Montoto y Maricela Espinosa, de lo expuesto por mí en el texto homónimo del presente aparecidos en Facebook. Es por eso que el sentimiento de arraigo y pertenencia al terruño inicial se deja traslucir en los balbuceos de nuestra literatura primigenia hasta alcanzar la altura del pensamiento y la obra literaria de a quien considero el verdadero poeta de la nación cubana: a José María Heredia y Heredia (Santiago de Cuba, 1803- Toluca, México 1839), quien nos legó la llama sublime de la cubanía que alimentó el alma desgarrada del exilio cubano y de los cubanos de la Isla, hasta aprontarlos a la unión que condujo a la independencia. Así de sencillo: la poesía apuntala o derriba almas, según definición exacta del Apóstol Martí, a cuya autoría intelectual y humana se debe el otro substrato de ideas, filosofías vitales y, sobre todo, los afectos esenciales que contribuyeron a consolidar la espiritualidad que alimenta la cubanía—no alejada de un aliento de martirio—y lo hizo desde su exilio en los USA. Fue otro escritor erudito y exiliado permanente de Cuba quien nos legó el tejido esencial que aportan los clásicos "cinco sentidos" del Caribe en su obra narrativa trascendental y en su imbatible obra **La música en Cuba**: Alejo Carpentier.

Este último libro no podrá ser superado por nadie—si alguien se lo propusiera—por una razón muy simple: fue el primero en introducir hondo la mano en el tejido original de los procesos etno-culturales en que se forjó la cubanía y justo descubrió que los pasos conducían a los archivos, afortunadamente conservados, de las iglesias parroquiales de Santiago de Cuba, donde el negro africano esclavizado y el negro libre lo esperaban, sonrientes y con las manos colocadas en el instrumento musical sublime, con una sonrisa para que pudiera tejer los hilos de la formación del sentimiento nacional del tipo social *criollo* y luego del cubano. En honor a la verdad, y las afirmaciones que siguen las publiqué en 1982, descubrí que, antes que Carpentier y ningún otro autor, ya lo había hecho mejor que él un escritor haitiano, Jean Stephen Alexis, muerto a pedradas por los asesinos ton-ton macoute del tirano Francois Duvalier y cuyo cuerpo no se ha encontrado hasta el presente. Para comprobarlo, deben leerse sus obras literarias narrativas monumentales, como **Les arbres musiciens**—así como **Dans le space de une cillment** y **Le compere General Soleil**—para situarnos en lo que estamos discutiendo en torno a la identidad como pueblo cubano y como nación, distinguida como Haití en el concierto de los pueblos de Nuestra América y más apegada al Hombre Caribe.

Así como existe un triángulo en el Oriente de Cuba donde se forjó y brotó la cubanía que nos condujo a la construcción de la nación y a nuestra independencia como nación, existe el triángulo Cuba- Haití- Santo Domingo, en el que deben buscarse los fundamentos sociológicos de la elaboración final de la cubanía , desde la quema vivo—al pie de una ceiba, en las inmediaciones de Yara- del cacique haitiano Hatuey hasta encaminarse en el recorrido del Diario de Martí desde Montecristi hasta su holocausto entre los Dos Ríos, cuyas aguas crecidas cercanas a Contramaestre nos ofrecen una música cuya lección está todavía por ser aprendida…

PD: Todo lo que estoy escribiendo en las redes sociales son verdades sujetas al esfuerzo de mi mente por alcanzar la realidad vivida; nada de fuentes documentales primarias ni secundarias. (Continuará, espero.)
Los Teques, Guiacaipuro, 2017.VIII.05

Cubanía: ritmática sonora (4)

Recordaré siempre al profesor chileno Enzio Mella por haber roto la distancia de la Academia para convertirse en nuestro amigo y habernos introducido en los caminos de la filosofía clásica y permitirnos estudiar con él, durante un año en los 70, los pasillos ondulados y las luces de **La Fenomenología del espíritu**, de Hegel. Sus lecciones me sirvieron para afianzar la necesidad de iluminarnos desde el foco de lo que no somos y conocer con Kant que una pregunta es más importante que sus posibles réplicas; así, ¿cuál es el signo cifrado o cuáles son los símbolos distintivos de la *cubanía* o, dicho de otro modo, qué distingue al cubano del resto de los originarios de otros países…? Si la memoria no me falla, creo que fue un escritor cubano, de cuyo nombre no logro acordarme, quien afirmó que en el equipaje del pícaro que viajaba en las galeras de Colón viajó un ingrediente principal de la cubanía. Pienso, entonces: ¿el cubano nació de la picaresca española, es pícaro por partida de nacimiento o la adquirió en su duro bregar primero con el amo español, el que luego se trocó en amo criollo gringo, soviético o en el enfrentamiento con sus circunstancias adversas? Lamento que en mis estudios universitarios de la carrera de Lengua y literatura hispánicas no me enseñaran la etnología cierta de España, nación de la que se habla como si realmente existiera, que fuese real la que nos pintaron siendo niños o adolescentes, inclusive siendo adultos después de recién habernos repuesto del mazazo que nos dio en la frente Ortega y Gasset con su reflexión acerca de la España invertebrada...

En mi libro-catálogo **Tiembla Tierra**, publicado en Santiago de Compostela a fines de los 90, hablo de la *Cuba profunda*: y, en efecto, creo que hay más de una Cuba—no me referí sólo a la Cuba del exilio o destierro ni a la otra Cuba ...--, ancladas todas en el mismo archipiélago cubano, sea físicamente o en espíritu. Pero, en toda esa diversidad de *cubanídades* se mantiene el ingrediente sedicioso que aporta la picaresca; sin duda que existe en Cuba una arteria por la que circula, con más o menos tonos de colores primarios, gradaciones de olores, sabores y fuerza, esa savia que nos aportó, gracias a Dios, Andalucía, ¿qué sería de la cubanía si nos hubieran colonizado los extremeños? ¿Habríamos sido capaces de hacer la misma música si hubiesen sido vikingos quienes nos hubiese conquistado? ¿o sabríamos bailar o arrollar como solemos hacerlo si alemanes hubiesen sido nuestros amos?...La España andaluza con todo sus gustos por las apariencias, los bienes terrenales, su música con cadencias sensuales y su danzar morisco arrollador, que no contradice lo aportado por el África negra. Después de pasar la segunda vez por Galicia, permanecí en Valladolid, a la sombra de mi novia Ana y al acecho de que me asaltara el tigre de la metáfora que me sirviera para caracterizar nuestra idiosincrasia...pero fue tiempo después que la encontré en Sevilla: *el cubano tiene mendó* –salero dijo alguien—en cada cosa que hace, pone el embrujo seductor de una poesía raigalmente íntima, apasionada y que deja ver la fortaleza de la síntesis que hizo entre la picaresca y el resto de los ingredientes que confluyeron en su melting pot procedente de las Áfricas, la China... hasta dar con el **congrí** de Oriente, no los moros y cristianos de La Habana, sino la síntesis que es él—y la síntesis que se hace todo el orbe para sobreponerse a cualquier circunstancia, aun de la miseria y del sobrevivir en balsa ante las encrespadas aguas en que nos consuela la Virgen de El Cobre: sonreír incluso ante la muerte.

En el texto 3 anterior, publicado en esta red social Facebook, mencioné el libro **La música en Cuba**, de Carpentier, y hace unos segundos le agregué el calificativo de obra insuperable ante cualquier investigador por una razón simple: su autor supo hurgar en la madeja germinal de la formación del etnos criollo, con base documental de los archivos parroquiales de Santiago de Cuba, donde la aguja se le iluminó al tejer aquellos complejos y sutiles procesos en que cristalizaron modos y estilos que nos distinguirían a nivel del conjunto de los pueblos de Nuestra América y el Caribe. Pero en esos archivos no encontraría nunca el punto en que se encontraros dos espiritualidades pasadas por alto por la mayoría de los estudiosos: las de los pueblos originarios o indios y las de los africanos esclavizados que se les unieron en el oriente de la isla de Cuba para fusionarse biológicamente y producir uno de los fenómenos más originales que suelen omitir los investigadores.

Cafetales franceses

A don Emilio Bacardí Moreau

...rota el balandro que me acompañó siempre

al bajar por

los serpenteantes

chemins de colins

de la Gran Piedra

las luces de mi ciudad veo en el horizonte

bañada por el Sol de colores que resplandecen al viento

el perro atento al paso de la torcaza desde el *centrou*

o al canto del gallo

que anuncia otra alborada

en mi cabeza asperjan los tonos

de Chopin

las que alegraron la tibia noche

    en La Isabelica

acompasada con tragos de rocío de gallo

    y el buen cognac Napoléon Bonaparte

el fresco bate el sombrero

    los caballos caracolean embriagados por los colores de las flores

que perfuman el paso

       acaricia mis labios el fresco manantial

            que se despeña

              sus aguas

perfumadas

    entre riberas donde yace la tumba de mi amada

las espuelas son música

      que canta al oído la alegría

          del encuentro con las damas

que nos esperan en el *quartier* El Tivolí

    donde hoy debutará la célebre

    compañía que nos estremecerá con la obra de Moliére que ella prefería...

    esta será noche de cinturas excitantes

de tumbas que me remontarán al Haití de donde vine

    al instante cuando entré

    por este puerto venturoso

de Santiago,

    donde me encanta hablar francés

con los habitantes de una villa

llamada a convertirse para nosotros una especie

    de tierra prometida...

(José Millet, Guaicaipuro, 2015.IX.05)

Cubanía (5): lo francés ¿haitiano?

En medio de una lucha por la recuperación del poder y con él el dominio del estiércol del Diablo o petróleo, la que me impactó mi red social y me ha dejado sin acceso a internet, inauguro la etno-antropo-escritura, agradecido a un guantanamero historiador por haber puesto en el debate la compleja temática de nuestra identidad como pueblo o cubanidad, como muchos la refieren. Me propongo ofrecer una pincelada acerca del asunto colocado en el encabezamiento de la presente nota: ¿cuál ha sido el aporte de la presencia francesa y haitiana en Cuba? De la muestra aleatoria de cubanos de Santiago de Cuba a quienes le pregunté cuál era la segunda lengua hablada en Cuba …ninguno respondió que era el criollo haitiano. De hecho supe que ellos no lo percibían como una lengua, sino como *patuá*. Sólo los eruditos saben que, en el siglo XIX, en esta ciudad se simultaneaba el uso del castellano con el francés: tan elevado fue el impacto de la inmigración, asentamiento y presencia de la inmigración de los franceses que lograron salvar la cabeza de la guillotina de la Revolución haitiana y que vinieron a parar justo en el extremo oriental de Cuba, con   centro de mayor gravitación histórica, socio-cultural e intelectual en nuestra amada *ciudad heroica* . Los miembros del equipo de estudiosos de la Casa del Caribe, el que capitaneaba el Maestro Joel James, tuvimos el excepcional privilegio de patear la Sierra Maestra—desde Santiago de Cuba a Guantánamo—para completar el catastro de las ruinas de los cafetales franceses, declarados luego por la UNESCO Patrimonio de la Humanidad, gracias a nuestro esfuerzo y perseverancia; pero el privilegio era en realidad honorable porque encabezaba estas expediciones periódicas el último de los sabios enciclopedistas que ha aportado la Isla: Fernando Boytell Jambú, a quien le dediqué nuestro libro **El vodú en Cuba**, en acto justiciero por haber sido pionero en el descubrimiento de la dimensión telúrica, avasallante de lo franco-haitiana en nuestro país. Si bien Alejo Carpentier nos legó en su relato novelado **El reino de este mundo** el paisaje humano y espiritual más acabado del Santiago de Cuba decimonónico del que estoy hablando— y que es para mí la mejor de sus narraciones—, Boytell lo superaba con creces por el conocimiento detallado y minucioso de todo aquel universo de gentes, habitaciones y bienes de alto simbolismo para el tema que nos ocupa de la *cubanía*… Apenas unos folletos publicó el sabio Baytell, pero para qué más si su obra práctica y servir como modelo de investigador, cronista e historiador de aquel mundo perdido entre las ruinas lo catapultó al sitio que todavía los cubanos no le hemos erigido. Espero que las grabaciones que le hicimos a Boytel en tan memorables recorridos por la geografía física y cultural de nuestro indómito Oriente, no se las haya comido ningún hurón azul, algo de ellas publicó la revista Del Caribe, que para entonces creo que todavía era producido por el escritor bayamés José Fernández Pequeño, que lo de su segundo apellido es una trampa caza ratón, trampa bayamesa suya, porque tiene de grande la puntería mortal de sus letras…

Volviendo al tema inicial, muy pocos cubanos saben que en el Oriente de la Isla se hablaba el mismo idioma franco haitiano que todavía se habla en New Orleans, en virtud de que los franceses expulsados del Oriente de la isla y, en general de toda Cuba, fueron a parar a esa región del Norte de América tan especial desde el punto de vista del estudio de las migraciones—en este caso de tipo político, marcada por la fuerza del Imperio español contra los franceses establecidos en Cuba a partir de la invasión de Napoleón de España—y el interés cultural, lingüístico y geo-político en general. De ahí que cuando nos afincamos a estudiar las fiestas de los franceses y haitianos, visualizásemos en la *Tumba Francesa* y en el *gagá* que celebran los haitianos durante la Semana Santa en esta región oriental de Cuba...encontrásemos muchos puntos de contactos con el *mardi gras*, como los de la actitud lúdica, los misterios y los vestuarios que fueron usados por los inmigrantes franceses y haitianos en nuestro país. Y el sabio Boytel, con los conocimientos enciclopédicos de los que no se ufanaba, supo reconstruir el cafetal La Isabelica y , de paso, una investigadora de La Habana le publicó *El patios cubaine...*, dicho con mayor precisión, le robó este libro porque lo publicó en nombre de ella, en vez de con el nombre del sabio Boytel. Mi compañero de graduación universitaria y lingüista Luis Roberto Choy López—a quien llamo jocosamente el narraniuyork—explicará con mejores frases lo que intento decir: lo francés y haitiano dejó tan profunda huella en nuestra lengua que la variante del castellano hablado en Santiago de Cuba es única en el planeta, al santiaguero podemos distinguirlo en el concierto de los castellanoparlantes en todas las Américas, sin exagerar un ápice. A propósito, cuenta en sus **Crónicas de la guerra** el catalán y jefe del Estado Mayor del Ejército Libertador mambí, José Miró Argenter que cuando sus tropas escuchaban en la oscuridad de la noche las voces de una tropa supuestamente enemiga que se acercaba, determinaban con inmediatez meridana si era amiga al escuchar el francés o criollo haitiano que esa tropa hablaba. Por cierto, fue un santiaguero, como yo, don Emilio Bacardí Moreau hijo de la dupla francés-catalán quien escribió la única novela enfocada en esos cafetales franceses, luego de que su padre, Don Facundo Bacardí, inscribiera en 1864 uno de los rones más famosos de la tierra: el ron Bacardí, célebre con su etiqueta con el murciélago sonriente y por sus cocktails, como el mojito que tanto degustaba el Nobel de literatura Hemingway...

No hay que afrontar complejos psicológicos por no saber lo suficientes de lingüísticas...; muchos cubanos, a ambos lados de la mar Caribe, desconocen el peso de la religión que los franceses llevaron de Haití al Oriente de Cuba y de esta región hasta La Habana, donde ahora se la puede disfrutar sin represiones policiales. Ignorancia e ingenuidad nos llevaron a ver a la

Tumba francesa—a la que contribuimos a que se le reconociera como Patrimonio de la Humanidad de la UNESCO por nuestros estudios desde la Casa del Caribe y los encuentros de Tumbas realizados en el Guaso (Guantánamo)—y a las celebraciones festivas músico-danzarias conocidas por gagá …como tradiciones no asociadas a las religiones. Así han sido estudiados por varios investigadores aunque hay otros que sí han logrado ver en el interior de sus portadores esa vinculación. Idem nos acaeció con el carnaval, estudiado por el equipo de estudiosos de aquella institución científico-investigativa de la cual me honrado de haber sido uno de los fundadores y principales directivos. La Tumba francesa es un rico reservorio donde se han mantenido vivas las raíces que han constituido el manantial que contribuyó a que cristalizara el etnos cubano y que lo alimentó con muchos nutrientes espirituales, artísticos y aun patrióticos, de lo cual hemos dejado testimonio a través de numerosos escritos publicados y de la producción de audiovisuales, como documentales y de obra de las artes escénicas, como la puesta en escena de la obra **Ercilí**, con la cooperación de la Real Compañía de Ballet de Walonia, bajo la desaparición del célebre corógrafo santiaguero Jorge Lefevre y del no menos talentoso coreógrafo y director artístico Roberto "Papo " Sánchez.

En razón de propiciar el flujo de los textos que vamos elaborando para avivar la llama del interés, invitamos a nuestros lectores a bajar gratuitamente de internet para ver el documental **Huellas**, del realizador Roberto Román, que se estableció en Costa Rica desde hace muchos años, sin que sus amigos de la Casa del Caribe volviéramos a saber de él, más que en los últimos lustros en que supimos que uno de sus hijos estudiaba Antropología cultural apegado al cine y me fue a ver a Cartagena de Indias, donde yo impartía un curso, para entrevistarme como parte de los pocos sobrevivientes de entre los fundadores de la Casa del Caribe. Nunca he visto el material audiovisual que le sirvió para sustentar su tesis de grado…a ver si le pregunto a su madre Clarita Vila si puedo obtener una copia de tan valioso material audiovisual.

Cubanía (6): descubrimiento del Caribe.

Cuando nací entre el Jigüe y el Marañón, no sabía, ni podía saber qué era el Caribe. Tampoco el significado de los "indios" de yeso que me esquivaban desde la pared donde los habían colocado. Mucho menos que mi madre era una auténtica descendiente de los caribes que habían habitado estas tierras, hacía mucho tiempo, los que estaban muertos como sus estatuillas pintada con simpático colores y adornadas con plumas que luego supe que eran de indios americanos. Tantas cosas se ignoran cuando uno es niño¡¡¡ más con todo lo que uno piensa que uno va a ser, ni qué decir oficio o profesión ni tampoco futuro. Me encantaban las películas de vaqueros y me sentí héroe en los muñequitos que alquilábamos en un estanquillo al ver "los buenos" matar a "los malos", por supuesto, unos blancos y otros de piel cobriza: esa era la diferencia entre el bien y el mal. Muy impactante fue cuando, a principios de los 80 pude abrazar a indios verdaderos y reales procedentes de Suriname, de donde los habíamos traído para que participaran en una edición del Festival del Caribe dedicado al país de los pájaros y la diversidad étnica y cultural que no alcancé a imaginar en mis tiempos de mocedades y juventudes intensamente vividas, en mi natal Holguín, en La Habana del pre y en las universidades de Oriente en la que sería mi patria chica: en Santiago de Cuba. Los vi bailar en círculo, aplicarse al burén a hacer casabe y ni que por mucho esfuerzo pasaba por mi mente que hacían lo mismo que nuestra madre Olga, de quien se burlaba nuestro padre al verla siempre poseída por los espíritus. Cómo se reía nuestro padre de ese mundo que él entendía que era de locos de atar¡¡¡¡

Las aguas del Jigüe y el Marañón ter minaron por serpentear entre las piedras y, cierta vez el mustio esplendor del sol denunciaba por qué a los guajacones les costaba respirar; no estaban como pez a sus anchas entre tóxicos de las industrias y los albañales que las habían dañado—Ya no me podré bañar en el río que me vio crecer, me dije ensimismado cuando mi abuela "Cacha" Pérez me contaba que en la manigua había visto indios servir de prácticos o baqueanos a los españoles. Esas aguas se habían encontrado en un punto por el que imaginé irían a dar al mar, con peces muertos en sus crestas. Mi madre seguía los rezos en la noche, poco antes de que nos quedáramos dormidos y a cada quien asperjaba con bocanadas de humo del tabaco que cada noche fumaba con el fuego metido en la boca, luego de colocar el vaso de agua limpia en la cabecera de cada cama. Observaba la silueta de mi padre en las rendijas de la alborada haciendo fuego para colar el café mañanero: astillas de maderos secos encima de cartucho al que le aplicaba el yesquero y carbón que prendía para calentar la olla de cintura negra en la que navega el azúcar parda; olores oníricos del café que se cuela en bolsa y sorbos que transitan por la garganta del viejo que trabaja de sol a sol para traer el alimento de siete tripones "de leche" y uno *quemao*. A Ramón le decimos desde entonces El Negro, porque sacó en su piel el mensaje que nos enviaron los ancestros originarios del vientre que nos alojó 9 meses o de los africanos que navegaron en la pupila de los ancestros de una de nuestras abuelas, en la España morisca de donde viajaron o de la Francia cuya lengua habla el abuelo paterno.

Supe que no era hispano ni latinoamericano en el desfile de Luanda, donde un mar de tambores inundó las calles, igual que en Tacuato y entre las agrupaciones festivas tocaban los tambores del Chago, que así cariñosamente llamamos a la ciudad que lleva el nombre del santo patrón bajo cuyas banderas los castellanos recuperan España lo que luego sería la conquistaron.

Cubanía (7): ¿dónde está La Caridad? ¿Oshún?

Para ella estaba clara la cosa. No había lugar para ninguna confusión. "El Santísimo todo lo puede, el gran Poder de Dios. O la Divina Providencia, como también se le conoce. Y la santísima Virgen de La Caridad de El Cobre", decía mi madre Olga Amparo, (Mayabe, 1916-Holguín, 2002, una humilde campesina de *Mayabe*. (Yo subrayo: J.M.)
Mi madre era shamana como les he dicho en mi post anterior, pero para entonces yo no lo sabía.
Lo supe ya estando en Venezuela, en casa de la doctora Magalys López que me prestó un libro de su biblioteca familiar cuando vivía en Macuto, cerca de La Guaira. Después del deslave de Vargas vive en Caracas. Para mí que mi madre era espiritista porque andaba con eso que llaman los muertos. Lo sabía por como se reía mi padre que era hijo de francés y aunque no ateo no creía en nada de esas vainas. En su hogar nadie fue nunca a la iglesia. Ningún hermano puede venir a decirme ahorita que fue a culto ni nada que fuese de curas, porque ni mi padre ni mi madre nos criaron con esas inclinaciones de sotana. Salvo una vez que yo recuerde para la misa del gallo y eso para la misa fue ir en cayapa, como diría hoy yo en venezolano, en grupo de vecinos que se entusiasmaban con las procesiones como para ir a las fiestas del santo que más devotos arrastraba, la mayoría de los holguineros creían de San Lázaro o lo seguían, por eso de que es el santo de los milagros y curandero por excelencia. A quien Jesús devolvió de la muerte, haciéndolo santo. Lo de mi madre eran puras manos llevadas a la frente de los necesitados, pura santiguación y rezos con invocaciones al Todopoderoso con las que sanaba de inmediato a cada niño de los que llevaban a mi casa. Nada de imágenes en el altarcito que tenía en el cuarto ni de palanganas con gajos que vino mucho tiempo después. En lo de ella no había mezcla de ningún tipo, nada de cruces como lo vi en practicantes de otras provincias. Su creencia la podías retratar con el vestuario de blanco que fue su hábito, como ella decía para referirse a su uniforme de cordonera, sin una mancha desde que tuve razón hasta que murió en el año 2002. Blanquísima paloma, como el Espíritu Santo¡¡¡ Ah¡¡ y en la cintura un cordón amarillo que llevaban todos lo del templo porque era de San Hilarión, el santo prodigioso que lo colocaba allí para que por él descendieran del cielo los ángeles.

Nacimos en un barrio fundado por los franceses. Vivimos en un callejón que reventaba en las orillas del río, que nos daba sustos con sus crecidas inesperadas. Nada de lujos, gente humilde, negros y mulatos eran los vecinos.

Poca gente de la clase media, como se diría hoy, mirando las cosas en perspectiva. Muy pocos profesionales, la mayoría gente de oficios manuales y trabajos menores, obreros, estibadores, tabaqueros y galleros, gente de pequeños negocios, venduteros, dueños de pequeños bares donde se vendía de todo como en el colmado dominicano y casi todas las mujeres eran amas de casa. Eso era lo que había en Pueblo Nuevo, donde mi abuelo el francés compró un solar donde vivía con su esposa y nacieron la mayoría de sus hijos, aunque algunos de mis tíos nacieron en Mayabe y en Mayabe nación mi hermana mayor, la única que nació en el campo. Pasando el río Marañón rumbo al pueblo estaba la industria de pieles que llamaban la tenería de los franceses, con una enorme casa de madera en el centro del enorme solar y en aquella casa vivían los Sondon y había una bandera de Francia siempre izada al frente de la casa, porque allí funcionaba un consulado. Sí, mi hermano mayor que cambió su nombre de pila y ahora se llama Pierre para honrar nuestro linaje galo, me recuerda que se celebraban las fechas nacionales del país de la torre Eiffel, se daban fiestas y se cantaba con mucho orgullo La Marsellesa. Era cuando se avecindaba allí toda la francesada y alcancé a conocer a uno de los Santi y a otro de apellido Lafitte o Lafita, que luego me lo mencionados ancianos de Gibara, la villa de los cangrejos, al decir de mi profesor Dr. José García Castañeda, nuestro sabio y querido "Pepito", de la leyenda y de los cuentos que todos los holguineros conocen..

Mi abuelo francés se convirtió años después de muerto en un misterio, porque ninguno de sus hijos que yo sepa los escuché hablar la lengua de Moliére y de Rousseau: la mayoría de mis tíos se dedicó a la agricultura en pequeñas fincas de Mayabe y fueron ellos quienes se unieron a los Pérez por la rama de mi abuela Cacha Pérez para dar inicio a la tradición del cultivo de flores que perdura hasta el presente. Bella entrega esa de regar cada día varias veces plantas que te premian con gajos henchidos de colores, perfumadas por el aliento de los colibríes que son el poema arcoíris alado más hermoso que escribe a diario la Naturaleza y entre estos bellos jardines encantados señorean las rosas, de ahí creo que mi hermana mayor lleve ese verde nombre. Mi primo Juanito Millet hizo de este oficio una pasión y llegó a levantar el Jardín de flores ornamentales más importante de Cuba, un bosque donde Ud. puede ponerse en contacto con las especies más increíbles del planeta. Cualquiera lo puede visitar en la circunvalación de Holguín y se marcha con el corazón palpitante y las manos henchidas de fragancias de los casi todos los continentes. El velo del misterio se descorrió cuando me enfrenté al retrato de mi abuelo que tenía en una de las habitaciones de su casa mi tía Generosa Millet, Gene como cariñosamente todos la llamábamos. Allí estaba él de cuerpo entero con ese raro aire antiguo del europeo que emigró al Caribe, como un Napoleón con su Josephine cuando visité la su casa de la Emperatriz en la isla Martinique. Yo lo miré con mucho asombro en aquel retrato, la primera vez que mi madre me llevó al templo de Nemesio Patterson, un negro con una piel de betún brillante y una voz recia que le brotaba como del corazón de un ébano y que se sentaba a un lado de una mesa de madera que hace de centro de las sesiones del espiritismo de cordón. Nada de imágenes religiosas, salvo las de algún hermano fallecido que así es como llaman a los mediounidades. Y fue la primera vez que me puse en contacto con el cordón y mi mirada infantil se extasiaba en aquel coro de gentes marchando—todos vestidos de blanco y con su cordón amarillo a la cintura—con pasos rítmicamente acompasados golpeando la tierra y cantos como que salidos del otro mundo cuyos habitantes eran invocados para que acudieran a escena a contribuir con sus buenas energías a mejorar este plano terrenal.

Nadie me lo iba a decir que escribiría el estudio único en la historia de los estudios etno-sociológicos centrado en la casa-templo de Nemesio Patterson, a quien conocí de lejos siendo niño. Lo editó nuestra revista **Del Caribe**, cuyo número 12, monográfico , fue dedicado a las religiosidad popular en el Caribe y en otro número salió mi texto "La Virgen de El Cobre y el espiritismo" en tiempos en que inquieto Pequeño la dirigía, aunque de eso él no le apetezca acordarse. Lo de la directiva del templo más famoso de Cuba, el de Los Letreros, de Manzanillo, lo entendí perfectamente: habían sido perseguidos, no me dijeron pero yo lo sabía, y no querían ningún tipo de propaganda. No quisieron salir en el documental Cordón, que dirigió el escritor Jorge Luis Hernández, pero lo de los humildes cordoneros del templo de mi madre, sí el Nemesio Patterson, no lo entendí hasta que Celia, la hija del difunto, me dijo apenada: es que consultamos y los espíritus no quieren salir por la televisión. Fue razón contundente, como recordará el pícaro Caldas que me acompañaba. Los espíritus antecedieron a la civilización, se sitúan en las esferas del cosmos desde donde envían sus buenas energías a la tierra. A pesar de haber recorrido la Isla en innumerables veces durante mis investigaciones de campo, excepto en el trabajo aludido, nunca mencioné por su nombre este centro y mucho menos nunca entrevisté a mi madre ni le dediqué ningu7no de mis libros, excepto **Espiritismo, variantes cubanas**, que espero al menos mi familia que vive en el exterior compre, para lo cual deben dirigirse a su productor, el guantanamero e historiador Dr. Ángel Velázquez, el responsable del desencadenamiento de este interesante diálogo al que ha faltado el comentarios de las personas a quienes estoy etiqueteando para incitar su participación.

¿Y dónde está La Caridad-Oshún? "Mire que Ud no tendrá que llevar nada de amuletos ni protección alguna", me dijo mi madre sentados en el porche de la calle primera de Pueblo Nuevo, que no solía dar consejos porque en aquellos tiempos la mejor educación la recibíamos del ejemplo de los padres. Nada de palabrería hueca. "Ud nació con el manto de La Virgen, enfrentará muchos peligros pero no le pasará nada", terminó la conversación en la que interpuso que no tenía que creer en ella ni hacer nada, sólo seguir como lo que había sido hasta ese momento un hombre de bien, como mi padre. Y así pude esquivar o encarar lo más difícil: accidentes fatales, y la Pelona que me rondaba por los sitios inhóspitos a los que me llevaban mis pies (de ahí que me haya gustado eso de mi sobrhija Olguita de llamarse "Paticas Millet" y por allá andamos los dos, por la aventura que es el existir, por el mundo para intentar conocerlo. Hasta que cierta vez yo despedía al Tata Vicente "Vicentón" Portuondo Martén en el aeropuerto internacional de Maiquetía, de Caracas y entraba en el vuelo de Cuba "Papo" Angarica, a quien Vicentón me presentó como erw parte de su cácter jovial con un de sus bromas, a la que el celebrado babalawo respondió: - "Pero él tiene que postrarse al pie de Cachita, mi hermano, él es su hijo." Siempre creí que era hijo de Ogún y el 23 de marzo del año 2004 se reveló la verdad: supe que la desobediencia a la religión cuesta la vida, que en mi signo tenía que cuidarme la corona porque la envidia me la arrebataba y que mi madre es Oshún, a quien rindo respeto y honro como me lo había indicado Mama Olga en aquella ocasión en que me enseñó por qué yo había nacido un 28 de enero, por respondería al nombre José cuando me llamaran y que había nacido con el manto de La Caridad.

Los Teques, Guaicaipuro, 2017. X. 10

Nota: Los interesados pueden leer en internet, sin costo alguno, mi reseña "La iniciación de un omo-añá", en que doy testimonio de mi iniciación en el tambor secreto del añá, al cual pocos investigadores han podido acceder. Seguramente que esta referencia incitará al músico y poeta holguinero Rodolfo de la Fuente a regalarme un comentario. Gracias a todos por su lealtad: me leen y siguen como a un García Márquez, a quien conocí en la Casa del Caribe y, en otra ocasión, con quien compartí temas del Caribe en un bar del 18 plantas , de la Avenida Garzón, de Santiago de Cuba, echándose palos del ron Santiago (antiguo Bacardí) en total soledad. Yo respeto: lo mío aquí y ahorita es testimonio, no ficción. En la foto estoy con un ejemplar de nuestro libro El vodú en Cuba, comparado a los dos buhoneros que me lo vendieron en el Plaza de la catedral de La Habana Vieja en 10 CUC. Esperen la próxima entrega.

Cubanía (8): la Virgen de La Caridad de El Cobre

Para mi amiga de años poeta María Eugenia Caseiro.

La Caridad de El Cobre, ¿qué es realmente la Virgen y por qué su culto en toda Cuba y para algunos de sus devotos de otras naciones descansa en el poblado de El Cobre…? La idea de la existencia en un país de *centros mágicos de fuerza* me asaltó cerca de Krakovia, en mi primera visita al santuario de Chantahowa, adonde asistí a una misa dedicada a la Charna Madonna, la Virgen mulata del pueblo polaco. Andaba desde hacía años detrás del enigma de cómo había ido a ubicarse en el Caribe, después de descubrir su presencia en sus imágenes cromolitográficas ubicadas en los templos de los devotos de la religión del pueblo dominicano el *loasismo*, variante nacional de ese hermano país centrada en la devoción y culto a las entidades espirituales *loas,* propias de la religión *vodú* de Haití. Mi interés se incrementó al verla en un altar de los practicantes del vodú de las comunidades de haitianos de la Sierra Maestra, fruto de cuyos estudios publicamos numerosos textos que luego editaríamos en el libro **El vodú en Cuba**, el que se alzó con premio nacional en investigación otorgado por el Ministerio de cultura de Cuba, luego de que lo publicáramos en Santo Domingo en 1994, bajo los auspicios de la Universidad Autónoma de Santo Domingo (UASD) y del Centro Dominicano de Estudios de la Educación (CDEE). En su oficina de la Academia de Ciencias de Polonia, sostuve una extensa conversación con Tadeus Leprovski, a quien agradezco haberme devuelto a la condición de lo que soy, un scholar, humilde estudioso que escribe acerca de lo que investiga y mi real situación ontológica la alcancé luego de mostrarme la bibliografía de varios estudiosos connacionales y la serie de libros de su autoría relacionados con la historia de Haití, de los cuales se había publicado en la Isla una minúscula monografía.

De vuelta a Santiago de Cuba, pensaba en mi madre, para quien la Virgen de La Caridad estaba situada en el escalón inmediato a la Divina Providencia, al Dios todopoderoso en el que cree la mayoría de los cubanos. La respuesta al por qué… me la dio tiempo después cuando enfermó y la llevé para mi apartamento de Pastorita Núñez, al pie de cuya cama donde dormía colocó la estatuilla artesanal que alguien , a quien no conocía, le regaló a la salida del santuario de El Cobre. Ella no pidió ir a misa, sólo contemplar la imagen de *Cachita*—como el pueblo llama a la Virgen y llamamos a una de nuestras hermanas. Luego marchamos en silencio, yo sin quererme enterar de las lágrimas que rodaron en aquel memorable encuentro. Siento hoy que no reflejé en mi artículo "La Virgen de La Caridad de El Cobre y el espiritismo", publicado en nuestra revista **Del Caribe**, todo lo que entraña la Virgen en materia de símbolos que nos identifican, la que combatió en la manigua durante nuestras guerras por la independencia, se asentó en la mente como soporte fundamental donde cristalizó la *cubanía*, lo que nos distingue como cubanos en el rico y complejo arcoíris de los pueblos que habitan el Caribe y el hemisferio. Mucha emoción que desconocía e intensa paz entró por los poros en aquel memorable encuentro de mi madre con su virgencita. Mirándola dormida, en la cama con la proximidad de la imagen, me dije que no andaba descaminado en seguir tras las rutas secretas de una virgen mulata que encontramos en Polonia, Santo Domingo o en la Sierra Maestra. Fue un flujo de sentimientos en permanente regeneración el que se apoderó de mí, para hacerme entender que ella la única fuerza que unifica a todos los cubanos a lo largo y ancho del archipiélago y estén donde estén… aunque nunca la hayan visitado en su santuario del poblado de El Cobre, cercano a Santiago…

Cada domingo me iba con mi esposa Ivonne y mis hijos al poblado de El Cobre, ella a su misa y yo a mis interminables conversaciones con los vecinos del poblado, hasta que anclaba en el hogar de Madelaine Gonzáles, con su esposa Sailyn, a escuchar la caída de las aguas que ella tenía en un altar que era una cueva y descansaba con él en el universo pictórico, onírico que es el su casa-templo que inspiraría tantos encuentros, tours con distinguidos visitantes y trabajos publicados. Así transcurría la mañana con el susurros de las aguas de un arroyo que atraviesa el simbólico asentamiento presidido en lo alto del cerro por el Santuario Nacional de nuestra Santísima Virgen de La Caridad de El Cobre, donde no faltaba la conversación con unos de los padres muy versátil y comunicativo. Después del almuerzo no faltaba la conversación obligada con los padres del historiador de El Cobre , Julio Corbea Calzado, con su esposa y era casi seguro que nos despidiéramos del pintor José Seoane, artista plástico de gran inteligencia y formación. Las baterías estaban cargadas para emprender los trabajos y los días de la semana entrante y, al llegar a nuestro apartamento de Pastorita Núñez, en la noche, me asaltaba la inquietud de mi madre, cuándo podría venirse a vivir a disfrutar estos paisajes dibujados por ella en mi mente en mi niñez…quizá era mejor echarme a descansar en la quietud sobresaltada de los grillos y el vaivén de los árboles próximos de El Caney….

Los Teques, Guicaipuro, 2017.IX.11

Nota:

El estudio más consistente acerca de la Virgen lo realizó la doctora Olga Zarina Portuondo Zúñiga en su libro **La virgen de la Caridad del Cobre. Símbolo de cubanía** (Santiago de Cuba, Editorial Oriente, 2011.) Ella me cita en él no porque haya sido su colega en la Facultad de Humanidades de la Univ. De Ote, ni su amigo, sino porque soy en Cuba uno de los 3 especialistas en vodú y lo máximo en el estudio del espiritismo en sus diversas modalidades nativas y criollas. Compre y léase si no mi libro **Espiritismo, variantes cubanas** publicado el año pasado por el guantanamero e historiador Ángel Velázquez, a quien busquen en el cielo porque es tremendo angelito.

Cubanía (9):… descubrimiento del azul

A mi entrañable amiga, académica y poeta Joann Rita Vega, por llevarme a conocer el Caribe…

Tiene sus cosas haber nacido lejos del mar; por ejemplo, tardar demasiado en saber qué es el Caribe. Es complicado haber nacido en una ciudad con mayoría de blancos por su fuerte componente hispano, y un poquito menos en un barrio de pobres, con muchos negros, mulatos, árabes, libaneses, franceses, canarios y hasta chinos, todos brujas, apiñados y mezclados, como en una dulce sinfonía de colores. Saboreé la sal de las olas la primera vez que pisé las dulces playas de Gibara, seguía siendo niño y el privilegio nos lo dio el señor Fernando, el único que tenía carro propio y a quien en ocasiones muy contadas se le subía el alcohol a la cabeza, así dijeron mis hermanas y un domingo en la mañana peleó con su esposa, nos montó en sus cuatro ruedas a un poco de tripones del callejón "K" donde vivíamos y, sin pedir permiso, nos llevó a ver el mar. El asombro consistió en saberme en medio de aquel torbellino de constantes aleteos de las aguas que me mantuvieron siempre flotando. La alegría no cesaba de golpear mis sienes cuando íbamos de regreso; aprendí cuán pesadas eran las aguas de los ríos en que me bañaba casi a diario, hurtando el celo de mi madre y escapando a la vigilancia de mi padre, a quien daban quejas frecuentes de su hijo travieso. ¡Cómo no haberme dicho Eliecer del Campo Rosario que las aguas azules hubieran sido más benignas para lanzarnos en las aguas crecidas del río Marañón en la canoa que él y yo hicimos con el tronco de una palma para lanzarnos en sus aguas crecidas, él cuya familia lo trajo de Banes, a vivir en un barrio de travesuras constantes…

Espero que este testimonio no hiera a ninguna de mis lectoras habituales, aunque la historia de mujeres sean bien escasas. Tengo que reconocer que vivía enamorado de la hija de un policía, cuyos añitos me parecían radiar en aquellos labios a los que cierta vez robé un beso…entre la fragancia de los lirios del solar de un vecino, próximo al río. La mariposa escapó aterrada y nunca más me atreví a acercarme a ella. Y nada que por miedo, sino porque la había idealizado al punto de considerarla mi primer novia. Las lluvias de la estación se nos vinieron encima y las ráfagas de viento presagiaron tempestad. Fue en medio de una tensión por el ciclón anunciado como inminente que me di cuenta que toda la vida me había gustado una mulatica cuya casa pegaba, casi puerta con puerta, con la casa donde nací. Lanzallamas, así llamaban a su padre, chofer de una máquina del dueño de la tienda comercial más atrayente de la ciudad de los parques: "El Nikel", nombre sustituido por otro extranjero cuyo significado nunca alcancé a saber: Woodword, algo así, que le pusieron en un cartel con lucecitas de colores en lugar del bisonte de oro quemado que acompañaba al primer nombre, creo que en alusión a una moneda americana. Y Ruca, que así se llamaba aquella chiquilla hija de Lanzallamas y Chicha, me miraba bañarme en cueros en el patio cuando llovía que entonces llovía casi todos los días y yo sin yo percatarme de que ella me observaba disfrutar del chorro que rodaba desde el techo de la casa por una de zinc para golpear mi cabeza; y cierta vez en una de las fiestas de la familia Ríos del barrio, la tomé por el talle para bailar y le di el apretón que selló unos secretos amoríos que perdurarán mientras estemos vivos como estamos. Seguro que ustedes podrán saber lo que yo no alcancé a saber si no muchos años después: que aquella iniciación en el amor juvenil marcó la pauta de mi conocimiento no de nada, sino de mí mismo como ser apasionado, a través del encanto de una mulatica, así que con una hija de África, me pinchaban los amigos.

Digo África y es un decir, como para subrayar el embarazo en que aquel amor me metió por un simple color, en una ciudad donde los negros sólo podían circular por las afueritas del parque Calixto García adonde iban las chicas del casco histórico a pasear mientras los jóvenes las veían pasar sentados en los bancos de mármol y las chicas de los barrios de los alrededores que concurrían eran casi todas blancas, todas con el de los vestuarios, muy elegantes… Pero mi negrita no tenía pretensiones de ningún tipo con la sociedad, lo de ella era puro hogar. Tenía otros gustos de los de su clase, si puede hablarse de clase en este caso. Nada de tambor sino puro piano, ni de bembé sino música coral como de iglesia le decía, ni de santerías sino siempre atenta a sus padres y hermanos: era extremadamente tenue, sus manos eran realmente dos obreras aplicadas a la ternura y su sonrisa el paso del animalito volátil, soñado, de una ilusión. Y aclaro que ni de niño, ni joven ni de adulto he mirado a nadie por el color de la piel, por lo que pido licencia para escribir "Negrita" con connotación de cariño como así apelaba a quien es la madre de mis hijos, Ivonne La Negrita, como ella decía de sí misma. Verán por qué lo afirmo. No soy freudiano, pero mi mulatica sembró palabras como nunca volví a escuchar, caricias que se adentraron en el secreto bosque de los afectos que nadie olvida, dibujos en el alma que jamás se han borrado. Creo que ella tiene mucho que ver con que casi todas mis mujeres hayan sido negras, mulatas o indias, excepción hecha de una vietnamita, como bien recordará mi sobrina Elizabeth, cuando estudiaba en el Departamento de Filosofía de la Universidad de La Habana y creo que esa preferencia por un estado del ser romántico tiene que ver con el preciso momento de aquel apretón trascendental, como lo calificaría mi colega el filósofo Cojo Orlando Silva Márquez, el palmero, con su risa de bromista acostumbrada.

Creo que la maldición principal que trae nacer lejos del mar es no darse cuenta ni siquiera que eres isleño viviendo en una Isla, que estás rodeado de agua salada por los cuatro costados. Y el colmo de los colmos es que eres un isleño que no sabes nadar, que no es mi caso, pero sí era el caso de la mayoría de los cubanos por eso de creerse que eran continentales, de Tierra Firme, como podría decirse sin temor a equivocación. Los maestros de la escuelita José Miguel Gómez de Pueblo Nuevo me hablaron de quijotes y sanchos que se desplazaban por una interminable llanura y, en la secundaria Martí, de las épicas del Cid Campeador y de las guerras castellanas contra los moros, cuyos sables mantenían bajo su dominio el Santo Sepulcro. Sucumbí al verbo de profesor César Ortiz en sus clases de literatura que daba como si él fuese uno más de los personajes y de los autores que llevaba a clases.

Igual más tarde me fascinaron las clases de matemáticas por la escena del musulmán con la ciudad de Bagdag como fondo en la cubierta de aquel libro de Algebra de Baldor, ... Yo siempre de regreso a los pasajes de aquellos tiempos dorados. Tiempo en que cabalgaba a lomos de los caballos del juego de vaqueros que exhibían en las vidrieras del Parque Calixto García, pero nunca lo pude ver entrar en casa, por más que en repetidas ocasiones lo pedía para el Día de los Reyes. Jugaba con soldaditos de palo, o con las diligencias de yagua con sus caoboes que perseguían a los salvajes indios que los rodeaban usando arcos y flechas. No estaban , no existían, los habían muerto a golpes de invisibilización, los indios nuestros, nunca escuché la palabra Caribe en los preuniversitarios por los que crucé veloz en La Habana y, sin ánimo de que vuelvan a tacharme nuevamente de criticista o hipercrítico, no recuerdo tampoco haberme asomado a semejante abismo en las aulas universitarias.

Fue en el Cabildo Teatral Santiago—donde Joel James comenzó a trabajar como asesor de historia, luego de graduarse en 1973,-- que volteamos la mirada al trabajo de los barrios de Santiago de Cuba, comenzando con el más tradicional y donde mayor concentración de afrodescendientes había: el barrio de Los Hoyos. Fue mi primer contacto con la Cuba profunda a través de la famosa su famosa comparsa conga El Kokoyé. Osado hubiera sido imaginar que le dedicaríamos más de veinte años a su estudios, fruto del cual publicamos dos libros, **Grupos foklóricos de Santiago de Cuba**, y el otro Comparsa, barrio y carnaval santiaguero, uno de los que más amo, el otro es **Del mundo terrenal a las fuerzas ocultas**, publicado en México en 1994, como bien recuerda mi amigo mexicano Jorge Ramírez.

En el año 1981 asistí con el autor Maestro de todas estas búsquedas, Joel James Figarola, a una conferencia de una de las asociaciones de Caribeños y fue allí, en el hotel Habana Libre, donde pude adentrarme en la dimensión múltiple y compleja que encerraba la pronunciación de la palabra Caribe. Allí conocí a una encantadora mujer: Martha Moreno Vega que me habló de los newyorkrican entre los que ella se contaba. Había caído en estado de éxtasis y no salía del asombro al ver tal diversidad de personas con colores de piel numerosos, peinados, espendrunes y nunca pasaría por mis cabales que años después la volvería encontrar para hacer un documental sobre un tema que a ella le fascinaba: la de las religiones afrocubanas en una de las cuales llegó a iniciarse. Nació la Casa del Caribe al año siguiente, una vía de proseguir la indagación de la identidad como pueblo, precedida de la primera edición del Festival de las artes escénicas de origen caribeño, realizado en abril de 1981 y en una de sus ediciones trajimos a una numerosa y multiétnica delegación de Suriname, de la que ya he hecho un comentario porque trabé contacto con los primeros representantes de los pueblos originarios de América, de los que no había cobrado conciencia de que los teníamos vivos y actuantes en Caridad de los Indios, cercano a Baracoa….

Pero nosotros seguíamos insistiendo que era la síntesis de toda la Humanidad lograda por el milagro de la implantación del sistema de plantaciones en esta región del hemisferio. Y que el componente negro africano era fundamental. Y detrás de él corrí en Barbados, cuando la Asociación de Estudios del Caribe me invitó a una de sus conferencias. Con Dathorne intercambiamos y fue fundamental las conversaciones sostenidas en la isla con los asistentes al evento, sobre todo los recorridos que hicimos tras el tambor que nos decían que no existía en la isla hasta trabar contacto con el arzobispo Gransville William que nos llevó a una sesión de tambor en medio de la bendición de la cosecha de la caña de azúcar que se realiza en Barbados con el nombre de Crop over Festival. Allí nació la amistad con una persona de piel blanca, ojos caucásicos e inquietud por el saber excepcionales. Joan Vega, con quien seguí esta marcha en busca de la caribeñidad, que comenzó en mi vida la primera vez que se abrió ante mí el azul del mar en unión de los tripones de calle k, de la mano del bueno de Fernando que nos llevó a Gibara y gracias tuve aquella relación con una negrita que rompió todos los c{anones raciales gracias a su manera especial de hacer que nos entregáramos al amor, sin pedir nada, ni siquiera un compromiso ni formalidad.

Los Teques, Guaicaipuro, 2017.VIII. 13

Nota:

Esperen la segunda parte de esta nota, también dedicada, en justicia, a Joann Rita Vega. Recordad que escribo de memoria y que cada una de mis afirmaciones deben ser validadas por otras personas con mejor entendimiento y con consultas a fuentes de diversa naturaleza.

Cubanía (10): pensar con cabeza propia o con cabeza ajena

Siento mucho orgullo de haber publicado mis libros en un instante preciso de la historia de nuestro pueblo cubano en el que descubríamos que no éramos hispanos, como se afirmó a lo largo del siglo XIX, se siguió afirmando en el XX en que se hablaba de Hispanoamérica y nos adentramos en el nuevo milenio con muchas personas cargando esa errática creencia. Tampoco somos latino-americanos, como habíamos pensado y repiten, irreflexivamente, incluso muchos reputados estudiosos, aunque halla o se pueda encontrar en el término una cuota de reafirmación y distinción con respecto a naciones con que compartimos un espacio. Veamos por qué ambas voces no se corresponden con lo que somos., si es que queremos respetar a los pueblos de los que nacimos y con los que co-habitamos en las dos Américas. He vivido con los pueblos originarios que habitan Venezuela y me duele como lanzazo en el costado que ellos hayan sido invisibilizados durante tanto tiempo, además de desplazarlos de sus tierras, tomarlas para proyectos agresivos a su equilibrio cósmico y , para colmo, negarles sus derechos a ellas; no existen, fueron exterminados, nos dijeron en nuestro país y aquí es como si no existieran para una considerable porción de la población, a pesar de que chocan en las calles con nosotros, se les ve pasar, están en los ojos, en la mirada, en el cuerpo, en el ADN étnico, en el genoma de la mayoría de la gente y de tantos esfuerzos por colocarlos en la leyes y en el lugar que le corresponden como verdaderos depositarios de los derechos del espacio que nosotros co-habitamos con ellos…siguen siendo seres invisibles, gravitan en el espacio como a aquellos *seres* a los que invocaba diariamente mi madre en sus "rezos". Mi madre—que era una india del asentamiento rural de Mayabe, palabra que vi cierta vez en una ruta de autobús de Cancún y me sorprendió verla allí—no hablaba aquellas lenguas porque fueron mutiladas a nuestros pueblos originarios del archipiélago que los europeos llamaron Cuba. ¿Qué heridas, cuántas y graves heridas dibujaron con fuego y qué sangre dejaron escapar cuando destrozaron aquella página del Libro de la Naturaleza de la que nos habló Martí? Y los pueblos originarios, que aquí están más vivos que nunca, ¿hablan lenguas del Lacio, castellano o cualquiera de las lenguas romances existentes en Hispania o en el hemisferio occidental? Esa voz de *latinos* que nos encasquetaron quita el rostro aborigen a nuestros pueblos originarios, como quita la identidad a otras comunidades étnicas africanos parlantes, de Suriname, por ejemplo, con las que nos pusimos en contacto en los 80 gracias a la colaboración indispensable del ethno-musicólogo surinamés Terry Agerkop. Uno puede tomarlos en cuenta a ambos—a los "indios" y a los "negros" que hablan lenguas africanas y no los tomamaos en cuenta para nada, o hacernos los locos y seguir "tirando palante", como hacen estas personitas que se avergüenzan y ocultan la madre india.

Hay mucho racismo acumulado durante más de medio milenio y uno de los más hirientes es avergonzarse de nuestra madre india; uno de los más deleznables es invisibilizar a nuestros pueblos originarios que están más vivos que nunca, pero son masacrados con el silencio esquivo de nuestras miradas. Y mucho odio racial, que en ocasiones propicias aflora y se convierte en una bomba que explota a la luz del día y nos destroza el rostro, como lo he visto en contextos que se repiten como para advertirnos que los tomamos en cuenta o nos hacemos los locos, que para una mayoría es una manera de defender sus intereses personales escurriendo el bulto oportunamente. Mi afirmación es aplicable al tema que nos ocupa y más allá de él a un contexto en que nacimos, crecimos y nos hemos desarrollado en las fronteras de nuestro país y en las naciones donde hemos habitado, con mayor o menor sentido del arraigo y fortuna. Podemos, queremos o no ver que las aguas de mayor caudal, las del Toa, van a dar a la mar y que en una provincia se padecen sequías que obligan al lugareños a emigrar a la capital del país repitiendo al Enano con cabeza de gigante que es un país subdesarrollado.

Hay gente que rechaza oír hablar de Historia. Para mí es mejor vivirla. Dijo en una canción un cantautor venezolano que hagamos la historia y otros la interpreten en un mundo mejor. La etnología es ciencia de naciones ricas, en capacidad de pagar mentes a pensarnos cómo fuimos para saber qué está en lo que fue, como apuntara con excepcional puntería José Martí. Yo repaso la poesía dejada por otros para esforzarme en hallar los hilos esenciales de esa telaraña que es la identidad cultural de un pueblo. Mencioné a la familia de los Vitier, al padre Medardo que sometió a interpretación de un pensamiento cubano y a Cintio con esa magnífica y, reveladora obra **Lo cubano en la poesía** cuyos trazos nos sacudió mientras éramos estudiantes de Letras de la Universidad de Oriente; era preciso seguirlos o dejarlos a un lado por alcanzar otros ideales o tal vez quimeras. Es derecho de cada quien determinar qué camino emprender, seguir huellas o , algunos entre los que me incluyo, sumarse a la voluntad de dejar las nuestras de modo singular y persona, sin desentendernos de la interpretación de las que otros nos legaron (el caso de Martí, de estatura por enci8ma de todos, sólo comparable a esfuerzos como el de Lezama Lima, por sólo colocar un ejmplo9.Siento un agradecimiento profundo a Joel James por haber sido el artífice intelectual y principal creador de la aventura comenzada en los 80 desde la Casa del caribe, institución científico-investigativa que fundamos un grupo de graduados de la Universidad de Oriente en junio 23 de 1982. La aventura estuvo enfocada en contribuir a desvelar aspectos no tomados suficientemente por los estudiosos que nos precedieron en lo que respecta a los componentes o batientes que intervinieron y o están presentes en la formación de nuestra identidad cultural. Como he dejado traslucir en algunas puntadas de las notas publicadas anteriores a la presente, entre esos componentes el haitiano ha resultado el último en sumarse a al resto de los componentes étnicos, culturales y espirituales que confluyeron en el crisol del Caribe, en este caso para incorporarse, al parecer tardíamente en ella.

del hecho de que algunos de ellos hayan servido para recuperar aspectos sustanciales;

Cubanía (11): Caribe y caribeñeidad,

En el pasado mes de mayo (2017) publiqué esta foto en mi cuenta de Facebook, la que fue comentada sólo por un escritor. Edito el texto con que la acompañé tras del interés de que sirva para avivar la llama de la temática de la cubanía puesta en discusión aquí. Durante bastante tiempo segupi el tema de la existencia de las generaciones, en particular al leer algunos textos del intlectual santiaguero José Antonio Portuondo y ahora traigo aquí y la someto la idea de la existencia de una nueva generación que emergió en el contexto de la cultura de Santiago de Cuba, a fines de la década de los 60. Ella etaría definida por intereses culturale enfocados en el estudio de la historia nacional cubana y que nos conducirían al descubrimiento del Caribe y, sobre todo, del *ser caribeño*.

De ahí que me sienta pertenecer a la Generación del 70, formada por un grupo de jóvenes creadores nacidos en el Oriente (Camagüey- Oriente) de la Isla en la década del 40 y que teníamos intereses compartidos, como los de la escritura literaria y el del estudio de la historia de Cuba. Coincidimos (en 1968) en la Universidad de Oriente, donde algunos estudiaban la carrera de Historia y otros estudiábamos la carrera de Letras, así como unos terceros éramos profesores del Departamento de Filosofía o de Historia, de la Facultad de Humanidades de esa casa de estudios superiores. Al parecer el hecho ha pasado inadvertido, porque Cuba es La Habana: lo demás es monte y culebra¡¡¡ y es preciso que el foráneo nos descubra para que existamos. En ocasiones se produce asimismo el hecho de que somos avestruces del Zoológico en que no queremos enterarnos de las cosas que no han sido previamente bautizadas por el Poder, en la persona de algún estudioso asociado a él, como el Dr. Portuondo o consagradas por algún comentario de los académicos. Así de ese tamaño se las dejo por le momento.

Nuestra generación se dio a conocer ese año del 70 en el escenario de discusiones políticas que se produjeron en el espacio de varias facultades de estudio de la Universidad de Oriente y luego extendió sus acciones culturales y lectivas a otros espacios de la ciudad de Santiago de Cuba, como el Taller Cultural, dirigido entonces por el poeta de Jiguaní Luis Díaz Oduardo; el Cabildo Teatral Santiago, dirigido por el brillante dramaturgo nacido en la Sierra Maestra y director teatral Ramiro Herrero Beatón y otros espacios , como la sede de la UNEAC (entonces cuya sede quedaba en la calle Enramadas y luego fue trasladada al local que ocupa en la calle Heredia), la Biblioteca Elvira Cape, el Museo Emilio Bacardí y el Museo Casa natal de José María Heredia. En cada uno de estos espacios organizábamos conferencias y nos reuníamos periódicamente para intercambiar obras literarias, leernos creaciones en caliente, caernos a cuentos ,o fundamentalmente, para intercambiar ideas o discusiones acaloradas, a propósito de las cuales era un punto focal nocturno, muchas veces prolongado hasta el amanecer, el Parque Céspedes, en el centro de la ciudad.

Entre aquel grupo de estudiantes y profesores entre quienes se encontraban el Dr. Francisco "Paquito" López Segrera y el Dr Hebert Pérex Concepción, se hizo notorio la temática de la historia nacional y la exposición de ideas originales relacionadas con los asuntos que, libre y espontáneamente, sometíamos a parlamento...La dinámica de nuestra Generación del 70 estuvo marcada por la comprensión de los cambios que se producían en la sociedad cubana, los programas en marcha, como el de la célebre Zafra de los 10 millones de toneladas de azúcar del 70, en la cual todos nosotros participamos como macheteros y que sometíamos a discusión, para señalar éxitos y pronoxticar fracasos.

Una generación se extiende en tiempo y abarca esa década de confrontaciones, algunas violentas, otras dolorosas, de persecuciones, criticismos y descalificaciones ideológicas; otras placenteras, como las que proporcionan los premios alcanzados en concursos nacionales y la publicación de obras de la autoría de algunos de nosotros. y de la belleza que da la creación continua, los ideales compartidos y el trabajo por realizar nuestros proyectos culturales...

Entre los asuntos que se ponían en primer plano en aquellos encuentros, estaba el del estudio del proceso de formación de la identidad cultural del pueblo cubano, los componentes étnicos y los factores históricos-culturales que concurrieron en la formación y cristalización de la cubanía, tanto los propiamente nacionales como los provenientes de otras latitudes del planeta, lo cual reflejábamos en los eventos que organizamos entonces con la participación en eventos de poesía y en las ediciones de los Encuentros de Escritores Orientales, en los que intervinieron amigos muy queridos y apreciados por todos, como los escritores, poetas, y algunos de ellos eminentes investigadores, Cintio Vitier, Fina García Marruz y Eliseo Diego, quienes compartían con escritores del patio de la talla de un José Antonio Portuondo, José Soler Puig, Jesús Saborin, Guillermo Rodríguez Rivera, Guerra y de otras ciudades del Oriente de la Isla. Se había abierto paso a la idea de la pertenencia de Cuba a una región de Nuestra América cuya presencia, interacción e influencia había sido decisiva en todos estos procesos tanto de la historia como de la cultura: la que luego bautizamos con la expresión *región Caribe*.

Y pronto nos aplicarnos al estudio e investigación del Caribe, cuyo fruto más elevado fue el que hicimos que nos catapultaría bien lejos y que pudiéramos definir como el del descubrimiento de que éramos *caribeños*. Resulta natural que de ahí pasamos a la organización del Festival de las artes de origen caribeño, cuyas dos primeras ediciones las realizamos en el mes de abril de 1981 y 1982, y, pocos meses antes del mes de junio Joel James—la verdadera cabeza detrás de todo lo que le cuento por la autoridad ganada con sus conocimiento, mente de brillantez excepcional, su pesador máximo pero sobre todo nuestro líder por su valentía política y audacia probadas—me llamó para que fundáramos, como miembro de su junta directiva llamada Consejo de Dirección, la Casa del Caribe cuya fundación oficial se produjo la noche del 23 de junio del 1982, en su actual sede del Reparto Vista Alegre.. Y así fue que , a partir del 23 de junio del 1982, me convertí en uno de los miembros de su equipo de estudio, de investigación y promoción de la cultura cubana y de los organizadores de lo que luego denominamos Festival de origen caribeño, luego y definitivamente Festival del Caribe "Fiesta del Fuego". A partir de mi relación con Joel James, su familia, mi pertenencia a la Casa del Caribe, mi trabajo a lo largo de Cuba , del Caribe y del mundo no fui lo mismo, comencé a ser un Hombre del Caribe.

Los Teques Guaicaipuo, 2017.IX. 15

Nota: Foto de mi hijo Joseph James Millet Menéndez: En La Habana, en el Parque José Martí, cuya estatua está detrás de mí.

Cubanía (12) las manos en la cabeza

Recuerdo las discusiones sostenidas entre dos historiadores: él alababa la sistematicidad de su colega al buscar en archivos, encontrar y consular los documentos hallados para iluminar hechos y personalidades, si fuere el caso, reconstruir contextos y edificar con esta labor de arqueología el edificio propuesto; ella lo entrompaba en cuanto a las elaboraciones que él hacía, calificadas de subjetivas o especulativas. Por mucho tiempo entre ambos hubo, y habrá, amistad levantada en el respeto; en el fondo cada quien, con un esfuerzo titánico que conocemos quienes hemos consagrado nuestras vidas a investigar, tributaba sus verdades, ella la que entendía era irrefutable basada en documentación reflexiva, no fetichista y él, en que la verdad debía fundarse en el documento de archivo y, con tanta o mayor propiedad y pertinencia, en su combinación con el que ofrecía el Hombre, más la capacidad excepcional para aplicar lo que el sociólogo norteamericano Wright Mills denominó "la imaginación sociológica". Uno y otro hacían exposición de metodologías consagradas: Hesíodo y la reconstrucción de la Historia a base de testimonios, monumentos como evidencias; la libertad de valerse de todos las metodologías y no atenerse a ninguna como exclusiva de la Historia. En la Isla, la Filosofía se había convertido en una cárcel a la que sólo tenían derecho de entrar y hacermagisterio los carceleros y el Uno se reveló ante todas las ciencias enarbolando una "bandera": la Libertad. De ahí que, desde entonces, desecho las capuchas en las suelen encerrar nuestros sesos: pertenecemos a una Generación de creadores, la creación es la palabra clave para definirlo a Él y para definir a cada uno de los miembros de la nuestra, la del 70.
Me dijo un día: la literatura no da más¡¡ dedícate a la Antropología¡¡¡ Santa palabra; agradeceré mientras viva el haberme re-direccionado radicalmente al camino que, desde entonces, he transitado bordeando riesgos y derriscos, en ocasiones saltando trampas para adentrarme en un terreno reservado

especialistas de los países ricos. En las intensas, prolongadas y periódicas discusiones que sosteníamos, me quedó claro que ese camino debía basarse en la introspección de uno mismo para, aproximándonos a la mayéutica socrática, ofrecer la verdad que cada quien tiene dentro de sí, más que en la acumulación de conocimientos con los que en ocasiones la labor de "investigación" se hace inútil. Y en proyectar lo que tenemos para que afloren las de los demás y podamos compartir en colectivo nuestras "verdades". De ahí que formara un equipo de estudio, al principio dedicado a estudiar las fiestas—más que todo el carnaval de Santiago—y luego las religiones afrocubanas y yo le añadí " y el espiritismo", equipo que presidí desde los 80 hasta el año 2005 que me establecí en Venezuela. Ese equipo tenía como finalidad estudiar sistemáticamente las religiones populares, rendir periódicamente resultados prácticos—como el Museo de las Religiones que Ud puede visualizar en internet—y organizar un Taller Internacional en el que participaron especialistas y oficiantes religiosos de casi todo el mundo, sin exageración de ningún tipo.

Cubanía (13) el cubano ¿congrí? o ¿moros y cristianos? *

Honrado de haber sido aceptado en Memorias de La Habana por la señorita Raquel Betancourt, a quien tengo a bien informar que soy de Santiago de Cuba, donde están mis recuerdos, mi cachube enterrado, mis amigos vivos o muertos y mis dos amores. Y aclaro que escribo usando una sola fuente: la memoria y el estímulo de quienes me han precedido en el afán y trabajo de dar fe de vida. Los historiadores están para eso: para comprobar, como jueces, lo que uno dice y escribe, con documentos en mano y otras ciencias. Tengan a bien, pues, corregirme cualquiera error o desaguisado. Voy a hablar de La Habana que conocí adolescente, siendo un guajirito de Oriente ilusionado por hacerse bachiller en oh¡"la capital", la urbe habanera, así se decía en 1965 cuando llegué, omito lo que allí ví y viví al llegar. Una cosa guardo en el recuerdo que me marcó: que apenas en los hogares se bebía café, no se hacía ni siquiera el colaito mañanero en la casa de El Vedado, en la calle 2 con Línea, adonde paraba los fines de semana, en casa de la tía de compañero de estudios de la secundaria Martí de Holguín, donde nos graduamos ese año. Además el café que colaban no lo colaban en bolsa colocada en el "pallazo" de madera, como mi padre al despuntar el sol, sino que el café habanero para entonces se hacía tarde y era "aguao" o pasado por agua, hoy llamaría donde habito a ese café guayoyo. El domingo en la tardecita, de regreso a la beca del pre universitario Carlos Marx, me preguntaba ¿se volvieron rusos? ¡cómo era posible que hubiera perdido la costumbre oriental una gente de Bayamo¡.

En la semana siguiente nos sacaba a pasear Charito, sí, la misma que tenía su peluquería frente al cine Roxi de la calle Libertad y, en aquella ocasión en que nos llevó la expresiva Charito al restaurante de Playa adonde fuimos a reclar, cerca del Coney Island, el mesonero me miró extrañado cuando le dije que quería congrí. Ah, moros y cristianos es lo que quiere comer el caballero, me dijo al regresar de su consulta. Y por primera vez en mi vida probé aquello que no era más que lo mismo que inventaron los emigrados de Haití que vinieron con los caficultores franceses que lograron salvar la cabeza de la guillotina de la revolución de los esclavos de la vecina isla. Veinte años después, en uno de los frecuentes recorridos que realizábamos por los cafetales franceses de la Sierra Maestra, el célebre sabio Fernando Boytel Jambú, detuvo el jeep de la Casa del Caribe donde viajábamos para hablar con la familia de descendientes de aquella inmigración franco-haitiana; en el diálogo salpicado de risas y expresiones, el cabeza de familia nos sacó un plato de comida (era plena mañana) y nos dijo: "cong avec rice", supimos en la explicación el origen de aquella voz que tanta carga simbólica entraña para nosotros los orientales. Mi amiga e investigadora santiaguera Laura Cruz, seguramente, tiene el libro titulado **El patios cubain**, de Boytel, aunque publicado con el nombre de la lingüista Isabel Martínez,, donde aparece esta voz y tal vez ella pueda comentar lo que aquí escribo.

No los aburro contándole estas aparentes anécdotas que tal vez no tengan importancia para los historiadores o gente de porte académico. Yo escribo para llamar la atención de lo que Sigmund Freud apuntó en uno de sus escritos: las diferencias entre Norte y Sur, Este y Oeste son universales: se presentan en cada una de las naciones conocidas, no es nada particular de nuestra nada Cuba. Nuestra identidad se formó en procesos complejos a lo largo de la historia y siempre habrá que ir a las raíces por qué Martí nació en La Habana del seno de una canaria y de un valenciano y cayó combatiendo a los soldados del ejército colonial de España entre dos ríos de Contramaestre; y Maceo nació cerca de Santiago de Cuba y recibió el balazo mortal en Punta Brava, extremo occidental de la Isla, luego de cortar el alambre de púas.... Uno y otro todos sabemos que eran cubanos sin duda de ningún tipo. ¿El cubano es el mismo en Maisí que en Guhanacabibes? (Continuará)

J.M.

Los Teques, Guaicaipuro, 2017.19

Nota:

* : Quienes quieran leer el artículo original publicado en el 2015 en la red académica university.edu, bájenlo libre y gratuitamente aquí:

https://www.academia.edu/24306570/Ontolog%C3%ADa_del_Cubano_arroz_con_moros_y_cristianos_habanero_o_congr%C3%AD_oriental_por_Jos%C3%A9_Millet...y quienes se interesen por mis publicaciones echar un vistazo en internet a mi

hoja de vida, por favor, visitar, entre otros, este enlace:
http://josemilletcurriculumvitae.blogspot.com.es

Cubanía (14): La loma del chivo
Por José Millet

Sin duda que la cubanía revolotea en el paisaje. El paisaje no es un accidente físico reducido a su simplicidad de la topografía. La geografía se viste con ropas y colores cuando la percibimos habitada por ser vivos, palpitantes y henchidos de gravitaciones que nos cuesta mucho trabajo desentrañar. Pero sin duda que comenzamos a comprender quiénes somos cuando levantamos la vista en un simple mapa y decimos: Yo soy habanero o Yo soy santiaguero¡¡ Y lo percibimos con toda expresión cuando estamos en Krakovia, Kuito Canavale o Honolulu. Habana y Santiago son los miembros marcados en el rico arcoíris del gentilicio de la Isla, que no es isla sino archipiélago bien complejo porque los cubanos pasan por alto, demasiado frecuentemente, que todavía hay descendientes d los pueblos originarios en los territorios que circundan la región del extremo más oriental, cuyo centro es Baracoa. Humano

Caribe que nos une: la cubanía

Por José Millet

Cubanía: la mujer originaria , mal denominada indígena

Los mal denominados "indios" fueron los primeros a quienes los cristianos europeos convirtieron en esclavos; hubo no sólo resistencia activa y pasiva, sino enfrentamiento armado y el caso del cacique Hatuey, quemado vivo al pie de una ceiba en Yara, lo demuestra según el testimonio del Padre Bartolomé de las Casas. La hubo antes en Santo Domingo, y en otros sitios más. ¿ Se rebeló la mujer ante el maltrato y la servidumbre? Hay sobrados ejemplos que lo afirman y los suicidios colectivos son una muestra de los valores que aquellos pueblos habían elaborado y los hicieron valer en aquel contexto de luchas violentas y enfrentamientos una vez que los invasores mostraron sus armas, sus perros y el engaño con que obraron para someterlos..

Los primeros cimarrones no son los que incluyeron en sus libros los más conspicuos historiadores y antropólogos que han estudiado las rebeldías en el Caribe: fueron los aborígenes, incluyendo entre ellos a las mujeres, a adolescentes y a jóvenes. Los cimarrones negros aprendieron de los indios que ya estaban en las alturas de los montes y en sitios inaccesibles, a-palencados en sus cumbres, muy al principio de la carnicería que llevaron a cabo los colonizadores europeos para venderlos como mercancía; eso lo puedes leer en el informe que publicaron en Europa los banqueros alemanes Welzers que comenzaron la conquista y colonización de Coro, y desde Cor,o al resto de la provincia de Venezuela e imagino que también se ha podido demostrar en la Historiografía de Cuba. Fueron ellos los aborígenes quienes elaboraron, junto a los cimarrones negros huidos de las plantaciones y la esclavitud doméstica a que fueron sometidos, los valores y principios que más tarde le atribuimos a los filósofos de la Ilustración y del Iluminismo europeo: los valores de la libertad, del amor a la tierra en que se ha nacido y la independencia fueron creación de indios y de negros africanos, mestizos y mulatos huidos al Palenque, no de blancos europeos. En suma, la identidad como criollo primero y luego como persona vinculada a un país, que luego sería nación, fue resultado de aquellas creaciones iniciales del espíritu anti-esclavista de indios y de negros africanos que pelearon juntos contra el amo forastero primero y contra el amo nacional , cuando surgió la Aristocracia esclavista criolla.

Hubo una mujer cuya historia valdría para hacer la mejor de las novelas que se hayan escrito sobre ese espíritu de pavor que recorrió lo que luego fue bautizado como América. Hubo muchos ejemplos de mujeres. En Jamaica, Nany, por ejemplo, es una de aquellas mujeres insurrectas por su valor de enfrentar al colonizador inglés y por nunca haber sido derrotada. Igual, mucho antes, tenemos el ejemplo de la hija del Diao Manaure, en Curiana y, en la región montañosa cercana a Caracas, la hija de Guaicaipuro, donde estoy viviendo

Hoy, lamentablemente, por lo general, estas historias no se las enseñan a los niños en las escuelas y de ahi que cuando converso con ellos sólo me saben hablar de pistoladas de comiquitas y otras boberías que les impone ese tubo de imbecilización que llaman TV o ola aborrecible señora Doña Internet, boberías que llevan a todas partes y que no hablan bien del conocimiento que deberíamos tener de lo autóctono y propio, como lo exigía el apóstol José Martí.

En 1959 mi madre era analfabeta, pero ¡¡¡qué culta aquella analfabeta¡¡¡, al decir de Martí: para qué le servirían esas horribles letras que nos hacen más tontos de cuando nacemos? Mi madre tenia todos los valores y principios heredados de los pueblos originarios, los que no fueron exterminados temprano, como nos dijeron los maestros mentirosos que no se cansaban de repetir lo que aquellos libros de historia habían escrito falseando nuestro sentido del pasado, de nuestros pueblos y de nuestra identidad. Hoy, Día de la mujer Indígena, le rindo mis honores a sus saberes heredados de las fuentes inagotables de las energías del Universo—las que ella denominada de la Providencia Divina o los espíritus—con que curaba cada día todo aquel niño, adolescente o joven o adulto mayor que le llevaban a casa para que ella los sanara. Sin Biblia ni ningun libro sagrado, puros pases con las manos y rezos en lenguas que no alcanzamos a comprender. Y los sanaba sin cobrarle un céntimo a cambio¡¡¡ Y muchas cosas más que no relato para dejarles dormir en paz.., en fin: analfabeto fui y soy Yo, que no supe interpretar el silencio con que rodeaba las bocanadas del humo del tabaco con que nos rodeaba a cada uno de sus hijos mientras nosotros caíamos en brazos del sueño.

Guaicaipuro, Los Teques, 2017.IX. 05

Nota: El imbécil con franela amarilla, pantalón verdeoliva y bigote...soy Yo; ella es mi madre, fallecida en el año 2002, mientras yo me esforzaba por estudiar los pueblos originarios en Venezuela.Ojo: Recordad que escribo con mi cerebro, sin fuentes en la mano que no sea mi memoria.

Cubanía:

ElCaribe

Si cuesta definir la cubanía, y hasta algunos la niegan en la actualidad alegando que se ha difuminado en el trauma de la emigración, descubrir que éramos caribeños nos costó Dios y milagros. Hay que cuestionarlo todo y una de las cosas que se deben someter a debate es por qué nos cercenaron tan temprano la pertenencia a una región a la que estuvimos conectados, umbilicalmente, desde que nacimos a la vida de las naciones, a partir del mal denominado descubrimiento de [América y su colonización. Lo peor es que seguimos fragmentados, como puntos de un rompecabezas o fichas de un entramado que parece formar parte de una estrategia malévola universal.

Resulta honesto mencionar aquí al Maestro Joel James Figarola, quien primero sentó las bases de la comprensión de esta temática, en los años 70, recién graduados nosotros de la Universidad de Oriente, en Santiago de Cuba. El Taller Cultural fue el escenario inicial en que nos reuníamos para debatir temas como si el Caribe tenía que ver con la identidad caribeña y las discusiones se extendían al Cabildo Teatral Santiago, a la calle Heredia y tenían como punto focal el parque Céspedes, ubicado en el corazón de la ciudad, donde nos daban la madrugada en nuestras discusiones. La lógica del grupo de tanques pensantes condujo a pensar en crear una institución dedicada al estudio del Caribe, y de allí se encaminó la fundación de la Casa del Caribe,legalizada el 23 de junio de 1982.

¿Qué es el Caribe? El espacio donde el Viejo Mundo se reconoció a sí mismo en el asombro del Almirante Cristóbal Colón y de sus seguidores, en el proceso de la conquista y la colonización de las nuevas tierras encontradas por erro. La región histórica donde desembarcaron los conquistadores europeos para extraer sus riquezas y desarrollar más tarde el sistema de plantaciones—cañeras, cafetaleras, de algodón,, etc—de cuyas entrañas esclavistas surgirán grupos privilegiados, clases sociales y en fin pueblos nuevos. La cultura, o las culturas, caribeñas surgieron en este espacio con características peculiares que la diferencian del restos de las culturas que se instalaron en el Nuevo Mundo, donde se unificó la Humanidad, así de sencillo.

Yo lo descubrí en mi primer viaje a República Dominicana, a mediados de los 80, cuando en el barrio de Borojó escuché el son montuno que había escuchado en caseríos de la Llanura del Cauto, en mis mocedades de carnavales en los pueblos cercanos y el son urbano típico de Santiago de Cuba, donde me había establecido a partir de 1968. El asombro me llevó a preguntarle a los músicos: -Ustedes son de Santiago?...son del son de la loma y cantan en el llano¡¡¡ Y el colmado donde estábamos bebiendo Presidente se desparramó de risas y chistes al saber que nosotros éramos del Shago. Y, en efecto, aquellos músicos eran de Santiago, de los Caballeros o del Caney, somos del Caribe. Y luego nuestros estudios nos llevaron a constatar similitudes y semejantes entre la cultura del pueblo que se había forjado en estas tierras que forman una unidad, espiritualmente hablando, en casi todos los órdenes de la vida social.

Cierta vez llegábamos a Santiago en un autobús, con la delegación del carnaval de Santiago de Cuba invitada a un intercambio.Desperté al amanecer a "Chango"—quienes no lo conozcan al director de la comparsa conga de Los Hoyos—y él se desperezó y miró por la ventana: Ah , chico, dile al chofer que me deje cerca de Carnicería (Carnicería es el nombre de la calle donde él vivía en el barrio de Los Hoyos). Sebastían Herrera Zapata, apodado Chang, no se había dado cuenta que habiamos llegado a Santiago de los Caballeros, no al Santiago de Cuba donde nació y murió tan ilustre y simpático personaje..

Y el Caribe nos llevó muchas veces por sus islas y una de las que más me impactó fue Curazao: allí se conocía más la historia de la música cubana que en Cuba y se escuchaba y se hablaba de ella como no lo he visto nunca en ningun otro lugar. En al foto que ilustra esta Nota, estamos en la casa de la ex-primera Ministra de Curazao, la señora Emily de Jogh-Elhage los preparativos de uno de la serie de documentales que comenzamos a realizar allí relacionados con la historia y la cultura de ese pueblo por el que siento un particular afecto, aprecio y atractivo por tantas razones que alguna vez expondré. Estábamos en los preparativos de los documentales acerca de Laurita Broekmann, Bolívar en Venezuela, héroes de la independencia de

Venezuela nacisod en Curazao, como el almirante Brión y sobre la comunidad judía sefardita que inmigró a la ciudad venezolana de Coro en el siglo XIX y que posibilitó fenómenos de trascendencia en la espiritualidad, cultura, los lazos históricos y sociales que todavía impactan el presente. Esta labor la iniciamos ad honorem, desde la Productora Audiovisual Caribeazul, registrada ante el Notario Público de Willemstad. Me he propuesto reiniciar este proyecto que contribuirá al mejor conocimiento de nuestros pueblos y que , sin duda de ningun tipo, ayudará a la educación en ambos países y a las mejores relaciones existentes entre dos pueblos hermanados por el Caribe que nos une.

Nota:

Recordad que escribo de memoria, sin fuentes de libros ni otro recurso que no sea mi mente. Corregid cualquier error. Gracias. Los Teques, Guaicaipuro, 2017.IX .05

Cubanía: Afro-descencia: mi nuevo concepto
Posé Millet
Caribe que nos une: la cubanía

Por José Millet

Cubanía: la mujer originaria , mal denominada indígena
Por José Millet
Los mal denominados "indios" fueron los primeros a quienes los cristianos europeos convirtieron en esclavos; hubo no sólo resistencia activa y pasiva, sino enfrentamiento armado y el caso del cacique Hatuey, quemado vivo al pie de una ceiba en Yara, lo demuestra según el testimonio del Padre Bartolomé de las Casas. La hubo antes en Santo Domingo, y en otros sitios más. ¿ Se rebeló la mujer ante el maltrato y la servidumbre? Hay sobrados ejemplos que lo afirman y los suicidios colectivos son una muestra de los valores que aquellos pueblos habían elaborado y los hicieron valer en aquel contexto de luchas violentas y enfrentamientos una vez que los invasores mostraron sus armas, sus perros y el engaño con que obraron para someterlos..

Los primeros cimarrones no son los que incluyeron en sus libros los más conspicuos historiadores y antropólogos que han estudiado las rebeldías en el Caribe: fueron los aborígenes, incluyendo entre ellos a las mujeres, a adolescentes y a jóvenes. Los cimarrones negros aprendieron de los indios que ya estaban en las alturas de los montes y en sitios inaccesibles, a-palencados en sus cumbres, muy al principio de la carnicería que llevaron a cabo los colonizadores europeos para venderlos como mercancía; eso lo puedes leer en el informe que publicaron en Europa los banqueros alemanes Welzers que comenzaron la conquista y colonización de Coro, y desde Cor,o al resto de la provincia de Venezuela e imagino que también se ha podido demostrar en la Historiografía de Cuba. Fueron ellos los aborígenes quienes elaboraron, junto a los cimarrones negros huidos de las plantaciones y la esclavitud doméstica a que fueron sometidos, los valores y principios que más tarde le atribuimos a los filósofos de la Ilustración y del Iluminismo europeo: los valores de la libertad, del amor a la tierra en que se ha nacido y la independencia fueron creación de indios y de negros africanos, mestizos y mulatos huidos al Palenque, no de blancos europeos. En suma, la identidad como criollo primero y luego como persona vinculada a un país, que luego sería nación, fue resultado de aquellas creaciones iniciales del espíritu anti-esclavista de indios y de negros africanos que pelearon juntos contra el amo forastero primero y contra el amo nacional , cuando surgió la Aristocracia esclavista criolla.

Hubo una mujer cuya historia valdría para hacer la mejor de las novelas que se hayan escrito sobre ese espíritu de pavor que recorrió lo que luego fue bautizado como América. Hubo muchos ejemplos de mujeres. En Jamaica, Nany, por ejemplo, es una de aquellas mujeres insurrectas por su valor de enfrentar al colonizador inglés y por nunca haber sido derrotada. Igual, mucho antes, tenemos el ejemplo de la hija del Diao Manaure, en Curiana y, en la región montañosa cercana a Caracas, la hija de Guaicaipuro, donde estoy viviendo

Hoy, lamentablemente, por lo general, estas historias no se las enseñan a los niños en las escuelas y de ahi que cuando converso con ellos sólo me saben hablar de pistoladas de comiquitas y otras boberías que les impone ese tubo de imbecilización que llaman TV o ola aborrecible señora Doña Internet, boberías que llevan a todas partes y que no hablan bien del conocimiento que deberíamos tener de lo autóctono y propio, como lo exigía el apóstol José Martí.

En 1959 mi madre era analfabeta, pero ¡¡¡qué culta aquella analfabeta¡¡¡, al decir de Martí: para qué le servirían esas horribles letras que nos hacen más tontos de cuando nacemos? Mi madre tenia todos los valores y principios heredados de los pueblos originarios, los que no fueron exterminados temprano, como nos dijeron los maestros mentirosos que no se cansaban de repetir lo que aquellos libros de historia habían escrito falseando nuestro sentido del pasado, de nuestros pueblos y de nuestra identidad. Hoy, Día de la mujer Indígena, le rindo mis honores a sus saberes heredados de las fuentes inagotables de las energías del Universo—las que ella denominada de la Providencia Divina o los espíritus—con que curaba cada día todo aquel niño, adolescente o joven o adulto mayor que le llevaban a casa para que ella los sanara. Sin Biblia ni ningun libro sagrado, puros pases con las manos y rezos en lenguas que no alcanzamos a comprender. Y los sanaba sin cobrarle un céntimo a cambio¡¡¡ Y muchas cosas más que no relato para dejarles dormir en paz.., en fin: analfabeto fui y soy Yo, que no supe interpretar el silencio con que rodeaba las bocanadas del humo del tabaco con que nos rodeaba a cada uno de sus hijos mientras nosotros caíamos en brazos del sueño.

Guaicaipuro, Los Teques, 2017.IX. 05

Nota: El imbécil con franela amarilla, pantalón verdeoliva y bigote...soy Yo; ella es mi madre, fallecida en el año 2002, mientras yo me esforzaba por estudiar los pueblos originarios en Venezuela.Ojo: Recordad que escribo con mi cerebro, sin fuentes en la mano que no sea mi memoria.

Cubanía: Curazao en mi corazón

A Jocelyn Clemencia In memoriam

Agradezco a la amiga Marilyn Alcalá-Wallé, actual Ministra de Educación, cultura y Deportes de Curazao, haberme re-enviado esta obra pictórica convertida en cartel en homenaje de Tula, la cual me remite a un héroe que rescaté de la incomprensión y del escarnio en que lo habían sumido los historiadores y otras personas, digamos que mal encaminadas en sus apreciaciones de la historia venezolana. Josef Charidad González—que así se llamaba—fue nada menos que un esclavo africano escapado de Curazao y , ya libre establecido en la ciudad de Coro, se dedicó a ayudar a escapar a los africanos esclavizados de su isla amada, cercana a Venezuela; es decir, se convirtió en Capitán de cimarrones y llegó a armar un batallón de curazoleños de origen kongo, de su misma procedencia y fue el primer partir en ser asesinado por el gobierno español en la localidad donde se produjo la Insurrección del 10 de mayo de 1795... Esto , por sí mismo, llevó al gobierno del Estado Falcón a reivindicarlo, colocándole su nombre a una avenida de Coro y a una escuela donde él había vivido durante mucho tiempo junto a una cantidad enorme de curazoleños: al asentamiento rural de Macuquita, sustantivo que evoca el Kongo, como Malaki Ma Kongo, fiesta de pueblo que ha sabido realizar durante muchos años el intelectual y artista del Congo, el mpangui Masengo Ma Mbongolo.

¿Qué relación guarda Josef Charidad González con nuestra identidad como cubanos? Un vínculo profundo con la su patria, la isla de Curazao, que generó estas rebeliones e insurgencia encabezada por Tula e iluminó y aquella época de rebeldías anti-esclavistas que llegó a Cuba, siempre se afirma que desde Haití y yo lo niego, desde el caribe como un conjunto de pueblos. Hay que echarle un mirada a la emigración de esta isla neerlandesa a nuestra isla, donde se emplearon una cantidad enorme de curazoleños para trabajar en la agricultura, principalmente en los cortes de caña, en la misma época en que lo hicieron los braceros caribeños, haitianos fundamentalmente. Segú nlo ha documentado y estudiado con absoluto dominio la antrpoóloga curazoleña y amiga doctora Rose-Mary Allen, los curazoleños llevaron de regreso la cultura cubana su papis de origen y provocaron un impacto que no hemos savbido valorar suficientmente.

Venezuela, octubre 03.2017

Cubanía: a mal tiempo, relajarse, jugando

Por José Millet

EN UN POST DEL PASADO MES, LES HABÍA COMENTADO CÓMO VÍ QUE ENFRENTABAN LOS CUBANOS DE SANTIAGO LA CRISIS MIGRATORIA QUE SE PRODUJO EN AGOSTO DEL 1994: HICIERON SU PARTIDA AL MAR UN CARNAVAL, CON MÚSICA, BAILES Y POR SUPUESTO BUEN RON COMO DESPEDIDA A UN VIAJE HACIA LA MUERTE PROBABLE. Creo que eso fue lo que siguiió al maleconozazo de La Habana en otros puertos de la isla que ahora veo fueron arrasados por los vientos terribles de Irma: Caibarién. Me contaron lo que pasó en Gibara, la Villa Blanca de Holguín, situada en su parte Norte. En medio de los desastres que ha dejado el ciclón Irma a su paso por las islas del Caribe—con más de una 30 personas fallecidas--, los habaneros navegan en improvisadas balsas por las calles anegadas y algunos, como lo registra la foto con que ilustramos esta Nota, se ponen a jugar en medio de una de ellas, como lo hacen diariamente en muchas ciudades y pueblos de Cuba.

¿Qué hay que develar detrás de esta actitud, sólo una más de las actitudes lúdricas de la cubanía? Tensión social, violencia civil y desenlace a una crisis existencial, en el caso del Malecón habanero (agosto del 94); y tensión emocional ante un desastre natural como es el ciclón ante el cual no se puede hacer nada que no sea protegerse de las inclemencias de la Naturaleza y de su poder destructor incontrolable y devastador...En la guerra es igual, y así lo ilustró Joel James en su novela Hacia la tierra del fin del mundo, enfocada en la guerra de Angola; y así lo he seguido en la cuentística que recopiló y reelaboró el folklorista villaclareño Samuel Feijóo, según lo recogí y analicé en mi libro La obsesión lúcida, editado por el célebre escritor cubanoJosé Rodríguez Feo, pero que luego comprobé que había permanecido engavetado en la redacción de Ediciones Unión, en su sede central de la UNEAC, en El Vedado.

Creo que tiene que ver con nuestra actitud como cubanos ante la tragedia—entendida como las circunstancias que no tiene solución—y ante la muerte, como lo estoy analizando en libros del creador y filósofo Joel James Figarola (Guanabacoa, 1943-Santiago de Cuba, 2006), particularmente en uno de esos libros suyos enfocado a estudiar la cultura de los kongos en Cuba...

Los Teques, Guaicaipuro, 2017 IX 11

Cubanía (último): principio y fin del cubano

A la amiga Lidia Lidia Margarita Martinez Bofill, santiaguera como eu

El relato de una épica forjada en los 60 ha obnubilado al cubano al punto que nos ha impedido ver qué somos realmente.A la saga guerrillera de los primeros años, de ardor y cambios irreversibles, se impuso la crisis económica estructural de la sociedad cubana de los 70 que convirtió al sujeto colectivo en rehén de historias contradictorias que se sobre-impusieron y que tendrían una solución de continuidad aparente , finalmente, en la disolución de la ética invencible que dibujamos en el concepto del Hombre Nuevo, la que creíamos haber forjado durante los primeros 20 años de revolución barbuda y que se vendría abajo, destrozada por el sueño americano, con el fogonazo del Mariel: la negación del cubano, con la pila inabarcable de carnets rojo-rojitos de militantes que se difuminaron por la playa, cuyos dueños fueron a parar al Norte "revuelto y brutal que nos desprecia".

El principio no es tan importante como el proceso en que devenimos lo que somos. ¿Qué factores, condiciones o circunstancias intervinieron en la población originaria mal denominada indígena , aparentemente pacífica, del archipiélago—ojo, no hemos sido ni somos una Isla—para que actuara del modo en que lo hicieron?Claves esenciales han permanecido ocultas en su modo, en apariencia controversial, de actuación en comparación con el europeo que nos invadió y con respecto al resto de los pueblos que se pusieron en contacto pro primera vez en la historia de la Humanidad, como lo hicieron en este punto del planeta que denominaron Caribe?.Lo que fuimos desde entonces está en lo somos hoy, para parafrasear a Martí en una idea memorable. Hay que enfocarse en los pequeños detalles donde están las grandezas que podemos ver hoy: nuestras luces y nuestra sombras.

He escrito que nuestros indios no fueron tan pacíficos como nos los pintaron en los falsos libros de las historias oficiales por las que nos enseñaron y tampoco desparecieron a poco después de iniciada la carnicería o genocidio que los historiadores llamaron conquista. No hubo sólo resistencia de nuestros aborígenes; la hubo, y hubo guerra irregular o lo que hoy se denomina guerrilla: lucha armada, con uno de los ejemplos más destacados en la personalidad de Baconao. Es decir, no sólo fue el cacique Hatuey, quien vino desde Haití al Oriente de Cuba a organizar la oposición armada interna al conquistador, sino que en varios sitios de la isla los conquistadores hallaron una férrea, tenaz y prolongada resistencia armada y ahi están las crónicas de ellos mismos que dan cuenta de lo que afirmo y el nombre no sólo de Caonabo, sitio de una de las cruentas batallas, sino de Matanzas, para que no se apague el recuerdo de aquellos hechos sanguinarios.

Hubo más que resistencia y guerra de guerrillas, por la que tendríamos que hablar de guerrilleros cobrizos, igual que luego se habló de guerrilleros negros. Corrigiendo al brillante Carpentier, no fueron los africanos esclavizados quienes produjeron muchos de los valores y principios que serían luego soportes en que se asentó nuestra primigenia identidad; fue en las comunas de los pueblos originarios y en sus palenques o cumbes donde comenzó a elaborarse aquel patrimonio ético y político que dio origen a una ética insurgente propia del cubano; así como los aborígenes fueron los primeros esclavos de América, así fueron también los primeros rebeldes, guerrilleros y combatientes que iniciaron la lucha por nuestras tierras, que se inició entonces, no en 1868 como se ha afirmado injustamente.

Así, en los palenques fueron los pueblos originarios los que les enseñaron a los africanos furtivos no sólo el conocimiento del espacio donde tenían levantados palenques que nunca pudieron ser derrotados, sino los saberes, técnicas y misterios del Monte, de la vegetación y de los animales que los habitaban. cierto, hubo un intercambio mutuamente provechoso, pero quienes estaban en el espacio desde hacía mucho tiempo eran los amerindios y los africanos se unieron a ellos dando por resultado productos étnicos y de la cultura que todavía esperan por estudiosos para ser develados. Y a estos elementos de la psicología social del cubano que comenzó a gestarse entonces, debemos añadir la que aportó el conquistador que se impuso a los cimarrones marrones y negro-africanos: nuestra mentalidad de hoy es una mentalidad palenquera, estamos a la expectativa de lo que se viene encimas y cómo hacer para vencerlo cuando es superior a neustra fuerzas, mejor armados y con más poder para vencernos físicamente.. Alejo Carpentier

En este texto que publiqué hace 7 años doy carta de ciudadanía a lo hecho por la Casa del Caribe al estudio de la cubanía, recuerden que he escrito que esto se remonta a nuestra etapa de jóvenes que nos habíamos graduado en los 70 en la Universidad de Oriente. Tiempos en que supimos qué era ser santiaguero y vivir y morir en Santiago de Cuba. Uno exalta el sentimiento e idea que nos fortalece como pueblo y nación que ha atravesado la seca y la Meca en un largo y doloroso proceso de reacomodo y cambio, porque no hemos estado escribiendo acerca de un "objeto" estático e inacabado. Pero tomar en cuenta los factores que han atenazado y atacado el núcleo de nuestra identidad , para debiltitarlo y derribarlo.

Cubanía: Haití, por José Millet

Cubanía: la poesía del exilio (2)
Por José Millet

¿Qué te pasa, sentimiento, cuando te llevan a tierra ajena? ¿Sufres en el lomo que ya no cabalgas como te vi subiendo en la sierra? ¿Hasta dónde entra la herida en aquella piel que brilló en el sudor de la pelea? Así fijé mi mirada en la mirada de aquellos indios rebeldes que llevaron a las cortes, donde nadie salía del asombro ante los primitivos seres que luego fueron despojados de sus piedras preciosas, de sus mujeres y sus lenguas. No creas en esas letras de latosos viajeros, que nosotros no teníamos escritura cuando fuimos cazados en Mayombe, aprendimos del paisaje siguiendo la huella de la piel cobriza, de quienes dibujaban en el paisaje y en la piedra el cambio del tiempo que pintaban las estrellas.

La cubanía (2)
Por José Millet

Queridos amigos Joann Vega Maricela Del Carmen Espinosa Oscar Montoto Mayor que comentaron mi texto anterior: elaboro un texto a partir del tema de la cubanidad colocado por el guantanamero e historiador Ángel Velázquez, escrito bajo el impacto de El Olor a Cuba, de la también querida guantanamera y escritora Belkis Cuza Malè, a quien nunca antes pude referirme porque recibiría el mazazo del Poder y texto de Belkis también fue publicado por su coterráneo Velázquez para abundar en este debate tan enriquecedor. Pido se sumen al diálogo todas las voces que me han acompañado en las redes sociales, y las opiniones que así manifiesten corresponder a mi invitación en razón de haber sido testimonios vivos cercanos de lo que yo escribo, entre otras, las del bayamés y creador literario José M. Fernández Pequeño, la de la guantanamera y escritora Rebeca Esther Ulloa Sarmiento y la del tunero Carlos Carralero, entre otros no menos importantes para mí. Hoy es un día no muy bueno en lo personal, porque me hace recordar lo ocurrido en el Malecón de La Habana y en el de Santiago de Cuba en 1994; hechos que no deben olvidarse nunca y, tal vez, Yancito Yans Alarcon no lo recuerde porque era un niño o no se haya dado cuenta cabal de la trascendencia de lo ocurrido en aquella fecha, pero yo estaba en su casa de la emblemática calle Barracones, del barrio francés El Tivolí, escenario de la novela El reino de este mundo, de Alejo Carpentier... y me acerqué al sitio del malecón santiaguero Los Cangrejitos, donde la gente se preparaba con gran alegría para una estampida, tal vez la más desgarradora de todas las estampidas migratorias y porque constituyó la pauta que marca un antes y un después de ella en la historia de nuestra patria. A partir de la brutal represión, el pueblo nunca habló y, luego del golpe del turismo, emputeció: presencié a padres ofreciendo sus hijas a extranjeros, novias a sus parejas. Algo más serio que la sana prostitución: caímos donde no deberíamos haber caído nunca: en el jineterismo, es decir: los valores éticos cabalgando en el lomo del verde, es decir del USD. Algo pasó en la cubanidad—ya herida—que debe ser exhaustivamente estudiado y discutido. Toda esta experiencia la recibí en mi querida ciudad y teniendo como protagonista el pueblo que habíamos estudiado en cuanto al comportamiento festivo, su relación con el carnaval y con la religiosidad. Por

eso, si alguien cuestionara qué quiero significar cuando digo que no soy cubano, sino santiaguero, podría defenderme alegando: lea mi obra, los libros publicados, centrados en el estudio de la cultura e identidad del pueblo de Santiago de Cuba y esto me permitiría eludir que llevo clavadas en el pecho dos fechas: 1970 y 1994…y, la primera, es la fecha alrededor del cual gira todo en mi existencia. Justamente al día siguiente día del mes de agosto de 1994, aquella alegría del pueblo santiaguero del que me sentía y soy parte sustantiva la viví allí en Los Cangrejitos y en el Parque Nacional Baconao: era manifestación del carnaval que habíamos estudiado durante décadas y fue, precisamente, la alegría de preparar balsas improvisadas para arrostrar la muerte en el mar, lo que me partió en dos mitades. Por eso, se me ha despelucado la piel y dedico un canto, una oración a aquellas almas de las personas fallecidas en el mar—de los 80 y de 1994 y de todos los tiempos—por cruzar el Estrecho de la Florida para llegar al Norte. Este arrostramiento de la muerte en el mar yo lo había estudiado con los haitianos que se lanzan al Caribe para alcanzar a Puerto Rico o , tocando el extremo más oriental de la Isla, lanzarse por las Bahamas para arribar al mismo punto de destino, entonces, ¿dónde está la cubanidad en este episodio de la épica caribeña a la que pertenecemos los tres pueblos aludidos? Es cuestión que me propongo debatir aquí, si suscita interés.
Los Teques, Guaicaipuro, 2017.VIII.04

Cubanía: los aborígenes indocubanos no fueron exterminados, por Dios¡¡¡

Vivía en El Caney y conocia a la perfección Jiguaní desde la década de los70, ambos dos de los últimos asentamientos—en realidad, reservas—donde se concentraron nuestros indocubanos; tiempo después descubrí trucos de prestidigitadores oficiales para ocultar verdades que las Historias "oficiales" se habían encargado de manipular para falsear realidades incontrovertibles y así fue como me propuse y logré convivir con los indocubanos de Caridad de los Indios, próximo a Baracoa, en la actual provincia de Guantánamo. Con razones fundadas, me reía de los libros de Historia de Cuba, aun de los manuales por los que estudia la población en los niveles básicos y secundarios hasta el bachillerato en nuestra amada Isla, por los que nos enseñaron que algunos reductos de la población originaria había sobrevivido, a lo sumo, hasta principios del siglo XIX…Cuando en el 80 emprendí mis investigaciones de campo desde la Casa del Caribe en torno del mal denominado Espiritismo de cordón, las risas se trocaron en carcajadas porque salvo algunos estudiosos, la mayoría de los historiadores y arqueólogos aportaron más leña al fuego de la ignorancia en torno a la temática trazando la imagen que en cuanto a nuestros aborígenes...todo se reducía a restos humanos, a palos de paleontología seca, a vidrieras donde se exhibían y estudiaban huesos, cabellos, esqueletos, trazos de animales y plantas asociados a ellos.No me atevía a comentarle nada a amigos colegas de la Universidad de Oriente, donde yo estudiaba y trabajaba como docente impartiendo clases de Filosofía, por temor a que el viejo Felipe Martínez Arango se molestara conmigo y eso sería grave porque compartíamos cátedra en la Facultad de Humanidades, aunque él se encontraba distante en su laboratorio ubicado el recinto de Cuabitas, nunca lo vi en ninguna de nuestras reuniones "académicas"de la sede cercana a la Plaza de Marte... Crasa ignorancia¡¡¡ las de toda aquella pila de afirmaciones sin base en la sociedad cubana en la que me encontraba inmerso...que trasladamos a los estudiantes y no ha sido rectificada hasta el presente en que escribo esta nota...

He dicho, no he escrito nada acerca de Joel James y su aporte irreverente , genial y fuera de la Regla al estudio y promoción de la cubanía, desde su obra literaria como creador científico—que eso fue en esencia—y como fundador de una institución que le dio un vuelco a los estudios acerca de la Historia nacional y a los de la cultura del pueblo cubano; a partir de él hubo un corte decisivo en esta dirección académica que provocó la unión de los "técnicos" (nosotros los supuestos especialistas) y los sujetos portadores de lo fundamental en cualquier nación: portadores de núcleos fundamentales de la memoria colectiva nacional...La Casa del Caribe fue para mí la mejor escuela para percatarme y tomar evidencia de primera mano de los avances, luces, sombras y pantanos de las ciencias sociales y humanas en Cuba y en el Caribe, donde los especialistas investigan , escriben y publican sin comunicarse resultados unos a otros. En Cuba hay observamos dos cabezas que se retaban y se oponía como dos polos excluyentes: La Habana que todo lo manda—que es la Universidad—y el resto del país, que es monte y culebra, diría hoy en venezolano.

Desde la Casa del Caribe se hizo el más grande esfuerzo para acercarnos al mundo de ls ciencias sociales y humanísticas de Cuba y del Caribe, incluso a académicos de los USA y uno de los medios fueron las revistas Del Caribe— que regentaba el escritor José Fernández Pequeño con el periodista Conrado Pérez, en un principio—y luego su subproducto en un campo en situación de exploración o insuficientemente estudiado, la revista el Caribe Arqueológico. Nos golpeó que los investigadores de la institución que regentaban estas publicaciones fusen agarrando emigración y nos quedamos solos unos cuantos atrincherados en nuestra voluntad de unión de las fuerzas concentradas en algunas de las ciudadades del Oriente de la Isla, con centro en Santiago de Cuba.

Todavía desconozco por qué, el Dr. Martínez Arango me eligió para ser el depositario de sus libros y documentos, poco antes de marchar al exilio y lo cierto es que me fue dejando su biblioteca personal, cuyos ejemplares deposité en el Centro de Documentación que fundé en la Casa del Caribe y también su última obra inédita en la que había compendiado todos los estudios de muchas décadas de investigaciones de campo, análisis de laboratorio, estudios enjundiosos con algunos de sus alumnos convertidos en profesores de la propia Universidad de Oriente y, luego, esta obra se la hice llegar a su familia, porque era una responsabilidad que no podia asumir por la precariedad en la seguridad que me rodeaba; mi amigo y profesor de la Universidad Don Ricardo Repilado Parreño se encargo de hacerla llegar a Miami, adonde habia ido a parar, cansado de persecuciones absurdas porf el hecho de no jugar con el comunismo, el fundador de la Universidad Oriente y allí murió, no sé si sin ver su ultimo libro tan importante y revelador, cuyo manuscrito original puso un dia en mis manos... Algo parecido sucedió con la gloria de la historiografía cubana, el historiador Manuel (para nosotros Manolo) Moreno Fraginals que corrió igual y triste destino.... Un desastre¡¡¡

Cuando veo estas imágenes de nuestros aborígenes, me remito a quienes hicieron contundentes estudios que en su época no fueron suficientemente entendidos ni aun tomados en cuenta al pensar en torno al tema de la cubanidad. Fernando Ortiz, Núñez Jiménez, el Dr. Guarch Chicho y<u>Alejandro Querejeta Barceló</u>, José García y el gran J.J. Arrom, entre otros que interpretaron el pasado según su espiritualidad amerindia. No conozco un libro, ni siquiera un estudio competente, que recoja y estudie esta parte de nuestra vida nacional y compare sus resultados con los que se aplicado al aporte de los africanos y el resultado final de los aportes totales de la cubanía en la construcción de un imaginario y espiritualidad del cubano. El libro más cercano es el del doctor Jesús Guanche, que tan justas críticas<u>Desiderio Navarro</u> recibió en el momento de su aparición por fallas imperdonables del autor y del tutor nuestro amigo musicólogo Argeliers León, quien ha seguido imperturbable haciendo importantes aportes al estudio del proceso de la cubanía.... Quien lo haga...estará derribando mil barreras e incompletitudes. Así estaríamos avanzando hacia una idea más cabal de lo que somos...hoy. (Continuará y recuerden que no dispongo de ninguna fuente documental; simple memoria, ah carrizo de historiadores que no le dan valor a lo que no esté avalado por las fuentes¡¡¡)

Cubanía: ¿quién no tiene de Kongo...?

Muchos cubanos, incluyendo quienes tienen piel negra o mulata, olvidamos Africa al hablar de las "Madres" que alimentaron nuestra identidad. Ha habido pensadores que han enfocado certeramente el problema racial de los pueblos que habitamos la región Caribe en el hemisferio occidental; por ejemplo, el médico psiquiatra Frantz Fannon, nacido en la isla Martinique, cuya obra titulada Piel negra, máscaras blancas...tiene vigencia plena en los tiempos que corren, salpicados de racismos de diversa índole y en varias latitudes de Las Américas, incluidos algunos de nuestros países más cercanos. El racismo es el caldo de cultivo de que se nutren las bacterias del odio y esos dos componentes resultan letales cuando las circunstancias se atizan, como es el caso de las confrontaciones sociales y políticas polarizadas en grados extremos.

Con frecuencia no tomamos en cuenta que, en el volcán que resultan nuestras sociedades del Caribe, bullen poco más de un milenio de genocidio, barbarie y esclavitud, magma que explota cuando menos esperamos con resultados catastróficos Hablo de situaciones explosivas en la relaciones interpersonales, familiares y a escalas que se abren en la espiral de la guerra, abarcando con su fuerza a cada vez más amplias zonas de la psique, de la vida emocional de individuos, grupos , comunidades y de nuestras sociedades.

Con demasiada frecuencia echamos al saco del olvido, involuntario, al pensar crítico de Sigmund Freud y borramos de la historia que España estuvo ocupada por africanos—los árabes, musulmanes—durante varios siglos y fue, precisamente, de esa parte peninsular de Andalucía ocupada por la cultura árabe, de donde por suerte nos trajeron una cantidad considerable de españoles a Conquistar y colonizar el Nuevo Mundo. Gracias a que fueron andaluces—y no extremeños, gracias al Señor—es que llevamos en la cintura el sonajero alegre y a flor de labios la gracia de estos ancestros hispano-árabes mestizados por esa cantidad de cultura que circuló por las venas abiertas de la sociedad hispana durante tatos siglos¡¡¡

Y luego los propios europeos—mediante su mercados de piezas de ébano, el comercio humano—nos trajeron a la población de Africa que se unió al aborigen y luego se unió, o al mismo tiempo, al hispano para armar esta mezcla inicial de población que impactó el mundo en su época por su diversidad y riqueza de colores en el cuerpo, de saleros en el movimiento y de simpáticas expresiones de los caracteres. Y saben de cuáles regiones del Africa negra sacaron y trajeron al Caribe la mayor cantidad de cautivos, robados o vendidos por la violencia? Inicialmente, dela región denominada bantú: del Reino del Kongo, de Angola, etc.

Estas redes sociales no podemos permitir que sean meros escenarios en que expongamos dolores de muelas o pesadillas pasajeras; ellas son un complemento de nuestras existencias y nos sirven para permanecer en contacto y contarnos lo que al parecer pasa inadvertido y si embargo nos golpea en las tinieblas, como un puño que queramos o tomarlo en cuenta está presente en nuestras psiques y en nuestras vidas-.

¿Existen realmente las razas, es cierto que no hay razas como muchos pensadores y científicos sociales han afirmado desde el siglo XIX y en el siguiente y algunos siguen afirmando hasta en el dia de hoy?

Aquí dejo la pregunta para que la discutamos una vez hallamos pasado por el trauma que nos dejó el ciclón Irma en sus azotes despiadados por las islas del Caribe y por la regiones de los USA. el dolor es punzante por los destrozos dejados a su paso por nuestros países caribeños y por las islas al Sur de la Florida y a su paso hacia otras regiones del Norte. Espero que nuestros pueblos se apliquen a reponerse de estas desgracias y que nosotros podamos enfocarnos a la vida espiritual que reclamamos.

He aquí una noticia que nos llenó de alegría, al saber que la capital del antiguo reino del Kongo había sido incluida en la lista Patrimonio de la Humanidad de la UNESCO. Tuve el privilegio de pisar la tierra de nuestros ancestros Kongos, de convivir en la célebre Ilha, de Luanda, donde los modestos pescadores participan en una vida colectiva, comparten casas comunes y se lanzan cada día al seno de Sireia—sí la Sirena, que en su lengua vernácula es nada menos que Kalunga, Madre de Agua o Yaya Lango—y de una vida espritual muy rica relacionada con la muerte y el mundo de los espíritus según la cosmogonía konga, tal y como lo he narrado en un articulo publicado en la revista Africa, de la Universidad de Sao Paolo (Brasil) y que pueden bajar libremente en la Internet...

Los Teques, Guaicaipuro, 2017.IX.12

Cubanía: ¿quiénes somos los cubanos?

Un pueblo tiene una esencia, o carácter, una marca distintiva...más allá del tiempo o circunstancia en que se encuentre. Es obligación de los pensadores y filósofos decir cuáles o cuál es ese sello distintivo.Esa marca tiene que ver con los traumas que traemos arrastramos del pasado, desde lo más remoto incluso donde no alcanza la memoria, en ocasiones. Una cosa es describir—tarea de la Etnografía—pueblos y culturas; otra, explicar—la Etnología. Y como para cada una de estas tareas la ciencia tiene que disponer de recursos, estas ciencias son propias de aficionados—la mayoria de los lingüistas, en nuestros países "sub-desarrollados"--...Así, el abogado Don _Fernando Ortiz, Padre de la Antropología en el Caribe, nos definió como un ajiaco, un plato guisado con los ingredientes de diversa procedencia étnica...aborigen (el ají), el africano (la desinencia konga iaco) y española. Yo rechazo vernos como mestizos, como suma de componentes que dieron como resultado una identidad final...

Siguiendo la metáfora suya, considero que el cubano es mejor el congrí: el guiso de lo kongo (cong) con el arroz (del francés rice), pero no una superposición de uno con otro, sino la resultante del guiso en el caldero que le da color y sabor, en el que entra otro componente que le proporciona el "gusto" característico: la carne del cerdo, el chicharrón criollo...El cubano No es mezcla,; es síntesis de una mentalidad que pone a mover músculos—todo tipo de armazón osteo-muscular—para proporcionar musicalidad al cuerpo, ritmicidad propia del trópico. Y ¿ en qué nos diferenciamos de los dominicanos, por ejemplo? Creo que cuando el Apóstol Martí afirmó que se consideraba a sí mismo tan cubano como dominicano sentía el pavor de creerse uno y otro a su vez... Y, ¿en qué nos diferenciamos del puertorriqueño y del haitiano?

Los Teques, 2017 IX 14

Cubanía: ¿congrí o moros y cristianos?

Ontogénesis de la identidad del cubano

Ediciones Fundación Casa del Caribe de Venezuela, abril, 2018

Cubanía: ¿congrí o moros y cristianos? Ontogénesis de la identidad del cubano

1.- Cuba-identidad cultural del cubano
2.- Oriente de Cuba
3.- Cuba-Historia
4.- Cuba-filosofía-ideas
I.- Millet Batista, José II.- Titulo

INDICE

A la poeta María Eugenia Caseiro, por su incesante y multifacético espíritu de creación artística y al inquieto historiador guantanmero Ángel Velásquez, que me inspiraron estas reflexiones con su proyectos de vida en la ciudad de Miami, donde residen y he estado en varias ocasiones cuando era prohibido a los cubanos de la Isla (archipiélago cubano); en nombre de ellos, a todos los amigos y a los cubanos que viven en París, Moscú o Luanda con un nivel superior de existencia que los sitúa a años luz de los humildes cubanos que compran el *pan de bolitas* en la panadería del Parque de los Chivos, del barrio pobre de Pueblo Nuevo, fundado por los franceses entre quienes estuvo mi abuelo paterno, donde nací y transcurrieron mis primeros años de vida…

A los forjadores de la cubanía simbolizados en el cacique haitiano Hatuey quien murió quemado vivo en la hoguera, al pie de la ceiba de Yara, renegando ir al cielo adonde van los injustos cristianos representados por los españoles que los esclavizaron y llevaron a la hoguera por pensar distinto a los europeos y oponerse con las armas a la conquista. Y en su nombre, a los escritores, artistas, viajeros, intelectuales y pensadores cubanos y extranjeros que dejaron su testimonio acerca de la formación de la cubanía en el pasado y a los humildes cubanos que la siguen dejando en su vida cotidiana sin escribir una palabra o comprando pan de bolita o bebiendo *gualfarina*.

I.- Introducción
No es una cuestión de qué somos simplemente; es una cuestión de qué sitio elige o ha elegido el cubano para vivir de lo que depende actualmente su ser que es en términos clásicos de Ortega y Gasete, su ser y sus circunstancias

Hay dos tipos de cubanos en el instante preciso en que escribo estas notas: el que está en el Parque de los Chivos a la espera de comprar el "pan de bolitas" de su libreta de racionamiento y el cubano que está o vive en Miami, París, Berlín, Moscú o Luanda. El sitio que haya elegido, o se haya obligado a elegir por situaciones ajenas a su voluntad o por elección libre y soberana de su voluntad, determinará si tiene moneda nacional—pesos cubano o *chavitos* denominados CUC—para comprar pan de bolitas o pan de la shopping. Eso determinará su calidad de vida y que se sienta relajado o tenso con las condiciones materiales que rodean su existencia, su accionar de que se levanta al cantío del gallo, trascurre el día y se acuesta pensando qué pasará mañana con la compra de la materia prima para elaborar la comida del día.

Antes se decía de las categorías del cubano con Fe—siglas que designa al cubano con Familiares en el Extranjero—y quien no tiene Fe; categoría que se ha ampliado a la fe que proporciona estar casado con una o un extranjero que garantiza un nivel de vida en Cuba por encima del vecino del barrio Pueblo Nuevo obligado a comprar en la panadería del Parque de Los Chivos donde compran la mayoría de los vecinos del barrio que no tienen Fe. Y estos se ven obligados a menudo a inventar: meterse e jinetero o buscarse la vida a como sea, incluida vivir de las remesas familiares, del dinero que le envía un familia desde donde vive en Miami, Puerto Príncipe, Paris, Moscú o Luanda, o beber *gualfarina*, como el profesor de Historia que señaló Arnoldo Fernández en Contramaestre en su pedagógico blog....

Voltear (la mirada), escurrir el bulto, decimos en venezolano para referirnos a la persona que no quiere enfrentar una situación y eso es lo que han hecho muchos cubanos que viven en el extranjero con respecto a su familia y amigos que se quedaron en la Isla. Eso lo he vivido en carne propia en mi familia cuando estuve casado con una hija de un cubano-norteamericano emigrado a los USA a fines de la década de 1950 y aun parte de esa familia padece los efectos de la referida actitud; pero un gran por ciento de cubanos envían sus remesas a la Isla, de la que han vivido y viven sus familiares en un status superior a la media la otra categoría de cubanos.

Invito a los cubanos y a personas de otras nacionalidades a enviarme sus opiniones acerca de estas circunstancias y condiciones de los cubanos de ambos lados del Mar Caribe para enriquecer el tema candente en la patria en que nacimos y nos ha tocado vivir en Cuba o en el destierro. Prometo publicarlas en futuras ediciones de esta obra (mi email: milletjb3000@gmail.com)

Barrio La Cruz, Los Teques, Guaicapuro, Los Teques, Venezuela, abril 23, 2018.

II.- Ontogénesis de la identidad del cubano

Ontología del Cubano: ¿arroz con moros y cristianos o congrí?

Por José Millet*

A mi madre Olga Amparo Batista Arbella, chaman y cordonera muerta sin estar al corriente de su sustancia aborigen, en representación del pueblo cubano...

"Lasciate ogni speranza, voi ch'entrate", El Infierno, de Dante Alighieri
Arbeit macht frei («(El) Trabajo libera») lema alemán del centro de exterminio nazi de Auschwitz

Desde Venezuela iban y venían en canoas las poblaciones originarias de esta Tierra Firme—donde he habitado durante mucho tiempo--, a las islas cercanas que bordean la plataforma marítima y cuyas luces visualizo desde el cerro Santa Ana de la Península Paraguaná...y esto ocurría desde tiempos que no pueden ser precisados con exactitud meridiana por las modernas tecnologías inventadas por el hombre, a pesar de tantos y contundentes esfuerzos por alcanzar exactitud de fechados. Y así fueron pobladas las islas dolorosas de las Antillas Menores y, a través de ellas, arribaron a las Antillas Mayores, región de la cual Cuba es centro geográfico por su extensión y ubicación estratégica para las comunicaciones entre dos "hemisferios" cerebrales que tanto tienen que ver con nuestra mentalidad : el Norte y el Occidente. El Ser del cubano siempre ha estado entre dos polos; nunca en uno de ellos y las corrientes "electro-magnéticas", incluso las provenientes del Universo que circulan en el interior del imán—sea éste de hierro o simple piedra magnetizada—tienen mucho que ver con el proceso de su formación. El origen del asentamiento poblacional en donde arrancó buena parte del núcleo de nuestro pueblo originario… lo doy por "ciencia establecida", según lo hemos estudiado en las fuentes de quienes han empleado sus vidas en esos rigurosos estudios paleo-arqueológicos y en comprobaciones prácticas, para mí, fehacientes. Por tanto y cuanto, los cubanos somos hijos por determinación biológica y demás razones de estas poblaciones que todavía habitan en estos territorios del Norte de Sur-América.

Este hecho lo he manifestado a algunos de mis vecinos venezolanos y recibo por respuesta una sonrisa pícara, porque piensan de que está de por medio "la Política" que siempre ha dividido a tiros y troyanos, como lo ha hecho lo que mal denominan "la Religión", que en vez de ajustarse al principio de ligar a la gente como es su significado en latín , desata las pasiones encontradas al punto de vivir, como hemos vivido los cubanos, como "moros y cristianos": considerando que la religión es la Iglesia y que las restantes no lo son, sino son "cultos afrocubanos", enfrentados unos con otros, y en el caso de la lucha por el poder político, en ocasiones, a muerte. Durante siglos esta población originaria fue invisibisibilizada, como lo ha sido en nuestro país todavía, donde no se quiere ver su existencia real, en lo biológico ni en lo espiritual. No queremos tener nada que ver con nuestro pasado "indio" porque el estereotipo de Hombres euro-occidentales necesita reafirmarse en cada instante mediante la negación de cada uno –y de todos los "componentes"—que se concitaron en el proceso de formación de nuestra identidad como "etnos" , pueblo y nación: negar lo aborigen, lo africano y lo asiático, entre otros de estos componentes. Por eso nos configuramos mirando siempre al Occidente judeo-cristiano: a Europa, al punto que uno de los pensadores más universales que hemos tenido, José Martí (La Habana, 1853-Contramestre, 1895), en su ensayo "Nuestra América", publicado en Nueva York en la **Revista Ilustrada** en 1891, confirma que nuestros patrones y referencias como sistema de cultura nacional estaban—y siguen estando—ubicados en la Europa caucásica y en la América anglosajona, no en el Sur, de donde vinimos. Nuestro Norte ha sido Europa y nuestro Norte sigue siendo el Norte, aunque a algunos les duela reconocerlo.

Conocí el mar…en la adolescencia y ese conocimiento primero, ni mi ulterior existencia trashumante en recorrido por toda la Isla un sinfín de veces, jamás me devolvieron que yo era un *isleño* ….Porque somos seres anfibios, como el *caimán* con que se representa el país: entes de dos tipos de vidas, capaces de adaptarse a la vida en la tierra o vivir en el Mar, sin recordar nuestra anterior existencia marítima. Parecería que de la geografía espiritual del Ser Cubano fue borrado el gen en que nos relaciona con el Mar, muy a pesar de que muchos autores---algunos poetas, escritores e intelectuales, para mí de respeto por la honda reflexión hecha acerca de nuestra identidad—han llegado a afirmar que surgimos del interior del océano o brotamos a la luz del Universo como pueblo… desde el interior de una caracol marinero. Creo que el cubano se ha sentido siempre como un ser de tierra, afincado al suelo aunque viva en uno de los diminutos cayos que componen el archipiélago de Cuba; y que su mente se forjó, ha existido y pervive no mirando al Mar, sino como la mentalidad de un hombre del continente. Ni el contante trasegar por las islas que rodean la Isla Mayor, ni el navegar por la mar océano…han podido asentar "fragmentos" significativos en el imán por donde han circulado esas corrientes que contribuyeron a forjar nuestro Ser.

Cada 12 de octubre, en conmemoración de lo sucedido en la isla Guhananí, cerca de las costas de la actual Holguín donde nací, me recuerdo a mí mismo mi pasado biológico y espiritual aborigen, que por ese proceso de manipulación de la Historia me habían ocultado y lo tenía no sólo a mi lado, sino dentro de mí mismo, formando parte de un "espacio vital" como individuos, del cual no podemos sustraernos, a menos aceptemos la castración biológica, la del ADN histórico incluido y la de espíritu de que hemos sido víctima durante más de 500 años. En el discurrir del tiempo, al decir de Frantz Fannon, nos han vestido con dos máscaras: una blanca y, encima de ella, con la otra negra, lo que yo llamo "moros y cristianos" porue las dos conviven separada y en conflicto permanente, para rectificar al sabio Don Fernando Ortiz que nos bautizó con la famosa metáfora del *ajiaco*: ají por lo aborigen taino o arahuaco *haxi*, … y la partícula *aco*, con que termina esta voz… para designar lo africano. Pero la elaboración del guiso que produjo al "criollo" como antecedente del Ser cubano… es algo más complejo: no sólo están presentes en ella el legado genético "caucásico"—blanco euro-occidental, diríamos—en comunión con el africano, sino también el aborigen en una diversidad que hay que tomar en cuenta y el asiático, entre otros de no menos importancia. Pero todo anclado en una posición de desequilibrio y confrontación, muy contra-dicente al proceso que ese sabio definió como transculturación y distante de la síntesis que muchos han querido ver como fruto de ese proceso; nada de terminaciones sincréticas, diríamos hoy mirando desde la atalaya donde encontramos, nuestra cultura nacional, que nunca podrá ser tomada como algo acabado o una totalidad concreta que no admite nuevos y enriquecedores componentes, como el estadounidense o el procedente de tantos países hasta ido a parar los cubanos en esa marea silenciosa que provocó el Apocalipsis del primero de enero de 1959 que todavía no ha sido suficientemente analizado, competentemente comprendido ni remotamente cabal y consecuentemente asumido en toda su dimensión trágica que tardará siglos en restablecer su zona de equilibrio del Ser.

Nunca me cansaré de repetir que me honra haber sido elegido por el pensador cubano Joel James Figarola (Guanabacoa, 1943-Santiago de Cuba, 2006)—quien, por encima de todos los calificativos con que pueda haber sido ungido, fue un Hombre Rebelde como yo, capaz de decir lo que pensaba y sentía en cada momento sin importarle cargo ni nada, con todo que se ajustara a la Verdad—, como uno de los fundadores de la Casa del Caribe, en la que trabajé desde su fundación el 23 de junio de 1983 hasta que, casado con una venezolana, decidí establecerme en Venezuela en el año 2005, luego de haber sufrido el segundo accidente ortopédico en Santiago de Cuba y sufrido varios eventos que aquí no viene el caso relatar. Este año en que cumplimos 40 años de habernos graduado en los estudios de Letras Hispánicas, es obligado decirles a mis compañeros de graduación que mi reencuentro con Joel, en el año 1970 cambió mi vida, como la cambió en la década de los ochenta haber sido alumno de los geógrafos polacos y haber visitado el Museo de los campos de concentración y de exterminio Auschwitz, y luego de haber estado en Angola en medio de la guerra y luego haber visitado Haití, primero desde la frontera con la República Dominicana y luego en su territorio, acerca de lo cual estoy obligado a escribir. Las situaciones extremas son las que permiten enfocarse en el proceso de formación del Ser de cualquier pueblo; entenderlo en su devenir y extraer las conclusiones mejor fundamentadas en torno a la parte o las partes terminales de ese proceso. Una cosa es el criollo en su ámbito del Oriente de Cuba, digamos en la llanura el Cauto, entre el Golfo de Guacanayabo y Bayamo y el borde litoral de esa franja el litoral Sur-oriental hasta Baracoa y otra cosa es es el criollo en la Llanura de Matanzas a La Habana o en la misma capital de la Isla de Cuba. Y esto lo podemos estudiar en el mismo período de tiempo; son dos cosas distintas y, en ocasiones opuestas y hasta puede darse el caso de que sean irreconciliables. Las circunstancias en una y otras región fueron distintas, desde el punto de vista geográfico, físicamente hablando; histórico y etno-cultural; y fueron diferentes en primer lugar desde el punto de vista económico, lo que determinó en el Occidente de la Isla una mayor sujeción del criollo al dominio español y una actitud contraria en la voluntad liberadora del criollo en el extremo Este del caimán, donde se desencadenaría la insurrección del 8 de octubre de 1868 en el ingenio o productora de azúcar del dueño y abogado Carlos Manuel de Céspedes. ¿Por qué quienes habían sido sus esclavos hasta la noche anterior se sumaron, se incorporaron como parte de sus huestes libertadoras y siguieron al terrateniente Céspedes en ese corte de la historia que marcarían un hito trascendental en la historia del Ser Cubano?

La noche anterior a la insurrección del 8 de octubre de 1868…el dueño de La Demajagua había autorizado a realizar una fiesta de Tumba Francesa, institución en la que los siervos, en este caso esclavos africanos y algunos de éstos procedentes de la ex colonia francesa de Saint Dmingue, tenían el privilegio de tocar sus tambores, danzar frente a ellos para invocar las fuerzas ocultas que habían traído de África y otras que se habían conformado en el Caribe…la música y la danza acudían a aportar los poderes que al día siguiente se desencadenarían dando apertura a un proceso que se prolongaría por más de un siglo… algo semejante había sucedido en Bois Caimán, en el Haití que se había levantado en armas contra el dominio francés al conjuro de sus loas en medio de una célebre ceremonia de vodú que ha sido ampliamente reseñada por etnólogos e historiadores. En ese amplio espacio de lo que comprendería el Oriente de la Isla de Cuba, allí se había forjado el guiso de la cubanía: el congrí en el que "moros y cristianos" se habían puesto de acuerdo, conjurados para dar el tajo definitivo a las cadenas de la opresión y de la esclavitud que los mantenía unidos al Poder de España en la Isla…¿Qué fuerzas misteriosas y reales, visibles e invisibles, habían concurrido en la Llanura del Cauto, entre Manzanillo y Bayamo, como para que se produjese en La Demajagua aquel hecho insólito? Para los filósofos y los historiadores clásicos de la Filosofía...a lo sumo este conjunto de hechos pueden ser enmarcados en el ámbito de la Filosofía de la Historia y la nuestra, raramente o casi nunca , ni siquiera es interpretada bajo esta óptica porque los rebeldes—más si se han unido a esclavos o a "indios"—carecen de pensamiento propio, menos de pensamiento abstracto como para lanzarse al vacío de romper las cadenas que los habían mantenido a todos al sistema esclavista.

Generalmente estos estudios etno-históricos prescinden del análisis del pensamiento y de la Filosofía de los entes que se dan cita en un espacio para producir hechos que transforman una sociedad o una época; salvo estudios eruditos, estos sujetos individuales o colectivos no son analizados en la perspectiva de sus sistemas de pensamiento ni filosofías cuando ellos se relacionan con la Religión y mucho menos si se trata de expresiones de lo que se denomina "religiosidad popular "o "cultos mágico-religiosos", pero dejamos aquí establecido que fue el espacio del Oriente de Cuba donde se produjeron dos hechos concurrentes: el desarrollo del denominado Espiritismo de cordón y el desencadenamiento de la insurrección nacional conocida como Guerra de Intendencia que comenzó justamente en el mencionado ingenio donde nosotros acudimos a filmar uno de los centros de este tipo de espiritualidad que calificábamos para entonces de Espiritismo, pero que hoy analizamos mucho más integralmente como parte de un modo de producción espiritual que no puede ser reducido a su arista puramente religiosa.

Entonces resultaba fácil entender que fuimos primero hijos de la Madre España, euro-occidentales, luego seguimos sujetos a esas mamas cuando fuimos Hispanoamericanos, luego se amplió nuestra autopercepción de nosotros mismos hacia nosotros mismos al vernos como latinoamericanos, una vez fuimos bautizados como latino-africanos hasta descubrirnos como Caribeños, en la década de los 80 en que fundamos la Casa del Caribe en Santiago de Cuba.... Si Ud. le pregunta a un cubano cuál es su segunda lengua...por supuesto, con razón, se burla de Ud. Es una lengua nativa, creada por un pueblo criollo ...que hablaba una alengua "aborigen" de Caribe....lengua nueva resultante de varias lenguas, como las africanas y la francesa: es la lengua criolla del haitiano que pobló el extremo oriental de la Isla, desde Baracoa, Guantánamo, Santiago de Cuba por toda la geografía hasta cubrir casi todo el país. Esto lo hemos estudiado en un libro fruto de nuestros estudios en la Casa del Caribe, titulado **El vodú en Cuba** y lo expusimos por primera en el documental antropológico **Huellas**, del directo cinematográfico Roberto Román González, residente actualmente en Centro América.

En días pasados he escrito en mis cuentas de Facebook algunas notas donde desmonto los falsos "descubridores" de Cuba—de Colón a Humboldt y don Fernando Ortiz—porque si hubiésemos seguido esa línea de pensamiento errada …quienes integramos el Equipo de Investigación de la Casa del Caribe…podríamos con propiedad considerarnos los "cuarto descubridores", al menos en lo que concierne al Mapa Espiritual indispensable para ofrecer un cuadro cabal de lo que denomino la Ontología del Cubano, al que no llegaron, o llegaron a aproximarse cada quien por separado pero incompletamente, Colón, Humboldt y Fernando Ortiz. De la obra de cada uno de ellos partimos y a ellos rendimos honores por cada uno de su aporte imprescindibles para acometer y llevar adelante la nuestra. Me toca exponer a nuestros lectores en qué nos fundamentamos como para asumir el reto de colocarnos en este sitio de honor al que se se llega con una obra reconocida por la comunidad internacional, en particular por la que forma parte de la Academia. Por el momento, proporcionamos aquí´, en el presente texto, algunas puntadas de lo que en otra oportunidad esperamos poder manifestar con toda propiedad y disponiendo de las fuentes y comprobaciones que sustenten tal aserto.

Como cada año reivindico el derecho de decir la Verdad oculta: somos hijos de estos pueblos que todavía siguen siendo masacrados, marginados y obligados a vivir en reservas y, de paso, pretendiendo obligarnos a nosotros a vivir ocultando nuestra madre "india", abochornados, avergonzados por nuestro pasado aborigen. Fueron nuestros padres "indios" los primeros esclavos, no los africanos; y también los primeros rebeldes en construir los "palenques" y los primeros en tomar las armas para combatir al invasor "extranjero". En mi alma refulge el cacique haitiano Hatuey y el rostro de todos quienes fueron quemados al pie de una ceiba, en Yara, cerca de Manzanillo y de Bayamo. Como ahora, irónicamente, vivo en Guaicaipuro, en los Altos Mirandinos...tierra de "indios" indomables...de Los Teques...y donde en cada aniversario del "descubrimiento de América" recordamos a los "indios" "descubiertos"…como si los "indios" hubieran carecido de ojos para mirar y ver también al europeo que vino a su encuentro, en su empresa comercial de búsqueda de la ruta de las especies de la India.

En mi espíritu viven los pueblos que nunca pudieron ser vencidos por el colonizador europeo ni luego por los oligarcas, terratenientes y nuevo Jerarca de grupos de criollos. Hoy, no como un ritual ni acto de reivindicación que me hago a mí mismo, les he regalado con estas breves letra el retrato de mi madre Amparo Batista Arbella, nacida en los campos de Holguín, cuyo padre trabajó como peón de labranza y ordeñador donde vivió en Mayabe de donde mis abuelos son originarios, excepto mi abuelo paterno que inmigró al Oriente de Cuba procedente de Los Pirineos franceses, según el árbol genealógico de nuestra familia Millet-Batista-Pérez Arbella, que he ido reconstruyendo , pacientemente y con la ayuda de mi sobri-hija Olguita Paticas Millet, con el antecedentes de la historiadora holguinera Ángela Peña, a quien visité en la última estancia en nuestra ciudad de los puentes y de los Dos Ríos: el Jigüe y el Marañón entre cuyas aguas nacimos y nos criamos, en el poblado fundado por los francés llamado Pueblo Nuevo, barrio de gente pobre, de negros, mulatos, mestizos y de muchos centros del mal denominado Espiritismo de Cordón que, con licencia de algunos investigadores que me antecedieron, es una espiritualidad aborigen, según he podido comprobarlo en esta prolonga estancia en Venezuela mediante mis estudios todavía inconclusos...

Hoy me consustancio con mi madre , a quien yo—en mi ignorancia supina—confundí con una "espiritista", afortunadamente nunca escribí acerca de ella como lo estoy haciendo hoy honrando su memoria de mujer de la tierra, muy humilde, campesina en sus valores, a quien conoció mi padre, el hijo del francés, cuando ella era doméstica de una familia de "moros" en Holguín e hicieron una familia con siete hijos, todos gente de bien, gracias a los valores y a la filosofía que ellos supieron meternos en el cuerpo desde que éramos niños. Mi padre se burlaba de mi madre porque decía que estaba loca: conversaba con los "muertos"; mi padre arrastraba una ignorancia Occidental "Europea": mi madre se ponía en contacto con las energías del universo y con ellas curaba a las personas, con la imposición de manos y "oraciones" acompañadas de movimientos que ahora sé son netamente Patrimonio de la Humanidad, de los pueblos originarios que estudio en Venezuela lleno del asombro que produce la poesía de la vida y en ocasiones los hallazgos en eso que los euro-occidentales llaman "ciencias", en sus ignorancia supina. Se trata de las corrientes fluídicas, electro-magnéticas procedentes de los astros, del universo conocido y ese otro desconocido que actúan sobre nosotros, sobre nuestros cuerpos y mentes sin que podamos evitarlo y produciendo efectos que pocos—como los miembros de las comunidades cordoneras a una de las cuales perteneció mi madre—conocen en propiedad, dominan y saben emplear en beneficio de la salud y felicidad del ser humano y equilibrio de sus medio ambiente, que ahora llamamos eco-sistema y en el cual la Naturaleza y sus fuerzas de diversa naturaleza desempeñan un importante papel en nuestras existencias.

Si escribí un estudio que publiqué en el número 12 de nuestra revista **Del Caribe** acerca de lo que entonces en mi ignorancia yo llamaba casa-templo del tipo de "espiritismo" de Orilé al que perteneció mi madre. Y el narrador y director cinematográfico, fallecido, Jorge Luis Hernández Mencio y mi persona hicimos el documental que él sabiamente tituló **Cordón**, cuya copia perdí en el deslave que se produjo en la ciudad de Coro, donde la casa de barro donde vivíamos se derrumbó con el deslave del año 2010...y me convertí en damnificado...y homeless desde entonces...Esa comunidad espiritual del *Orilé* de la cual era "hermana" mi madre, la dirigía un negro cordial y pletórico de vida que se llamaba Nemesio Patterson, en el barrio Pueblo Nuevo y cuando Jorge y yo fuimos a filmarla en compañía de mi madre...los espíritus se negaron a ser filmados. Eso mismo ya nos había ocurrido en el centro Los Letreros, ubicado a poca distancia de la ciudad de Manzanillo, cuyos directivos nos negaron tomar fotos y filmar alegando rechazo a todo tipo de propaganda. Pero a mí me dejó la pena inmensa de no disponer de un testimonio gráfico del templo al que había sido llevado por mi madre siendo yo un niño y al cual le dediqué un enjundioso estudio sociológico, como comentaré más adelante, fascinado por la magia de ese tipo de espiritualidad a la que es ajena la sociedad euro-occidental judeo-cristiana a la que me creí pertenecer hasta que cobré conciencia plena de una y de otras en las que estamos inmersos aun inconscientemente mucho de los cubanos de diversos razas, sexos y puntos de vista filosóficos inclusive.

En esas peripecias anduvimos en compañía del actor y director de teatro Andrés Andrés Caldas, testigo de esas y de muchas más cosas de mi vida como etnólogo en los campos y ciudades del Oriente de Cuba. Eso mismo nos sucedió con la comunidad Los Letreros, cerca de Manzanillo, pero gracias a diversos factores, llegamos a realizar filmaciones en "centros de cordón" de Manzanillo, en el centro de Monte Oscuro y en el centro del difunto Rusvelt Hechavarría, en la ciudad de Holguín, al que mi madre también estuvo afiliada como hermana de La Caridad de El Cobre, de la cual era una devota como pocas que he conocido (en la foto le falta el cordón amarillo que ella cargaba siempre en su cintura, según me decía, en vinculación directa con la Virgen bajo cuyo manto me dijo, cuando yo era "ateo" porque militaba en las filas de la UJC, yo había nacido y que no necesitaría protección de ningún tipo porque su manto me protegería ante todos los peligros... Y así ha sido: doy testimonio de ello, aquí, ahora y siempre.)

Cuando me sienta listo en mi reflexión en torno a la Ontología del Ser Cubano daré a conocer por esta vía mis conclusiones.. Mientras, por favor, estimados amigos y compatriotas que lean las presentes notas a modo de abreboca de lo que expondré más adelante en esta misma revista ...arroje cada quien su piedra... porque la piedra es el centro y madre de todos los saberes, en mi concepto de pensador que no subestima sino por el contrario justiprecia los aportes de quienes anoche durmieron siendo siervos y hoy amanecieron libres, luego de romper con sus propias manos las cadenas que hasta ayer los oprimían. Y esto también constituye un acto de ruptura con esas otras cadenas del pensamiento y la sumisión que forman parte de una redención no menos importante que la ruptura de las cadenas de hierro.

Altos Mirandinos, octubre 31.2015

Cubanidad: ¿existieron y existen Reyes en Cuba?

Por José Millet

A mi sobrhijo Freddy de los Reyes Millet y a su hijo Daichel De los Reyes y a su madre-abuela Rosa Juana Millet Batista

Sí, existieron Reyes en Cuba y no fueron los Reyes de España, bajo cuyo dominio estuvimos durante siglos y del cual nos liberamos por las armas, el machete por delante. Esos Reyes fueron traídos de Africa, en la caza indiscriminada de africanos en sus territorios de origen, como han demostrado intelectuales competentes que han estudiado nuestra historia.

De igual manera que hubo un holguinero ilustre que confesó que había aprendido más de historia recorriendo el museo universal más importante de la Isla: y en ese Museo que lleva el nombre de Emilio Bacardí se encuentra un exponente donde aprendí tanto de historia como de cultura del pueblo cubano: el trono de un Rey Congo, cuya corte formaba parte de las agrupaciones africanas a quienes los jerarcas españoles y la Iglesia autorizaban a desfilar durante las celebraciones en honor a las entidades religiosas de la Iglesia católica, especialmente en las fiestas del carnaval en honor al santo patrón Santiago Apóstol, tal y como puede leerse en uno de los 27 tomos de la edición de las Crónicas de Santiago de Cuba, obra magistral del patriota y primer alcalde de la ciudad, el mismko Bacardío antes citado (recuerden que no tengo libros a la mano y cito de memoria) así como otros importantes autores santiagueros y mi hermano, el historiador Dr. Rafael Brea Rafael Romulo Brea Lopez lo mencionados en algunos de nuestros articulos y libros, siguiendo los pasos de mi Maestro Joel James Figarola, como pueden testimoniarlos su hija Viky James Pérez.

Este último dato lo olvidé mencionar anoche, en la entrevista que me realizó el Tata Jose Castro, en el barrio San Agustín de Caracas, el líder del Cabildo congo Cusicuaba y le agrego ahora, para que lo suba a sus programas radialesaudiovisuales y por internet, que de igual manera que existieron en Santiago de Cuba, también existieron Cabildos Congos en el centro del país, como el célebre cabildo sundi del que hoy es heredero el Tatandy de los musundis, el Tatandi Aldo Durades Román (Aldo Durades) y pudimos documentarlo en le prólogo que le hice a su libro Vida y muerte de un palero, que circula en internet y lo pueden bajar libre y gratuitamente quienes quieran acercarse a ese célebre cabildo que fue mencionado por varios autores, entre ellos por Don Fernando Ortiz, el padre de la Antropología del Caribe.

En Santiago de Cuba, existen las agrupaciones africnas más antiguas del hemisferio Occidental no sólo de América Latina y del Caribe, algunas de las cuales han sido estudiadas por investigadores competentes como Nancy Pérez, entree otros y nosotros en nuestro libro Grupos folklóricos de Santiago de Cuba ofrecimos una presentación que debe ser tomada en cuenta porque entrevistamos a sabios afro-descendientes que , lamnertablemente, fallecieron, como aquellos otros que nos ofreciueron sus testimonios para otros de nuestros libros, el titulado Barrio, comparsa y carnaval santiaguero, de la autoría de Rafael Romulo Brea Lopez, del sociólogo Manuel Alejandro Ruiz Vila—entonces Sub-Director de la la Casa del Caribe que fundamos el 23 de junio de 1982--y de mi persona. Ese libro debe ser publicado en la Isla porque ahí está parte de la memoria de mi amada patria chica, Santiago de Cuba.

Esperamos que nuestro amigo congolés, el artista-griot e intelectual Dr. Masengo Ma Mbongolo, se contente con esta nota que alimentará el Congreso internacional Malaki, Venezuela, noviembre 14, 2018, que realizaremos en Venezuela el año próximo, bajo Malaki Ma Kongo, entidad organizativa no gubernamental que se ha propuesto durante varios lustros a poner a vibrar el corazón de la Madre África con las diáspora africana en el Nuevo Mundo, del cual el Caribe no sólo fue el punto del mal denominado "descubrimiento" de Colón, hecho ocurrido en la zona marísitma costera cerca de donde yo nací, sino del primer encuentro de los pueblos originarios con los conquistadores de España, Portugal y de Europa y luego, fruto del comercio, de los africanos traídos acá en condición de esclavos Y fruto de ese memorable encuentro de pueblos tan diversos la Humanidad existió, la que conocemos hoy se gestó en el Caribe en ese encuentro histórico, gracias al cual existimos hoy los caribeños con condición especial de enerMontoigías creadoras, alegrías de vivir y un ritmo especial de ver la realidad gracias al cual no nos dejamos aplastar por nadie ni por nada por muy adversas que resulten las circunstancias.

Los Teques, Guaicaipuro, 2017.XI.16

Atención: Favor comentar mi nota, en especial los orientales y santiagueros que se quedan en silencio ni siquiera dan un like a nuestros descubrimientos desde esa institución al pie de cuyos árboles quiero que me recuerden, con el inquieto Juan Bautista bailando la jiribilla con su agrupación Kokoyé¡¡¡: la Casa del Caribe

Cubanísimo: la libertad

l delito de haber sabido ser esclavo, se paga siéndolo toda la vida. José Martí

Disculpen amigos de mis contactos en Facebook si no les he dedicado la atención que se merecen. Es que dispongo de poco tiempo y ando por estos sitios como de paso; me asombra ver en mi cuenta la diversidad de rostros, algunos de los cuales, realmente no conozco, de tantos países que me asombro el haber cultivado en el jardín tan importantes plantas. El tema que me ocupa en esta nota es el de la muerte: vivir en dignidad o preferir morir, ese es el gran dilema en que se debate la Humanidad. La libertad es una palabrita muy bonita en boca de quienes discursan, escriben o dialogan, pero algo muy fuerte, dramático,diría trágico, para quien se enfrenta al dilema de vivir sin ella o morir por ella...

El ser humano rechaza referirse a los extremos, aunque sabe que existen y muchos conocen su importancia. ¿Qué relación existe entre el suicidio colectivo de nuestros aborígenes y el intento de suicidio colectivo de los balseros haitianos o cubanos al lanzarse a los mares rumbo al estrecho de la Florida? En clase, tuvimos un excelente compañero de estudios, poeta de una máxima sensibilidad y poeta exquisito, que cierta vez se subió al techo de la escuela y se lanzó al vacío. Poetas suicidas abundan y muchos andan al borde del precipicio en que , en ocasiones, no hay marcha atrás y entonces me explico la actitud de algunos de renunciar al fuego que considero sagrado y vivir en las ilusión de una "nueva vida" divorciado de la raíz que le dió vida auténtica.

Lo mejor es pisar por el sendero firme, el monte escarpado o de las piedras de las calzadas que nos conducen a la cima. Me gustaría escuchar , leer, las reflexiones de los psicoanalistas acerca del cañón que dicen se colocó Hemingway en la sien para poner fin a tan fructífera existencia. O Edgar Allan Poe en las frías aguas del Hudson en el fatídico momento en que su alma emprendió vuelo ¿al cielo?

Los Teques, Guaicaipuro, 20017.IX.16 (continuará)

———

III.-Filosofía, ideas, textos del autor
Filosofía VI: el pasado indígena que el cubano evade

Hatuey selló con sangre combativa nuestro vínculo con la herencia indígena, con Haití y debió haber sembrado, tempranamente, en la conciencia del cubano su pertenencia al Caribe. Pero nada que ver: fuimos "hispanos"—qué carajj: viva la Madre España que nos masacrójj--; hispano-americanos—se repite el mito—y en el siglo XX, latino-americanos, cuyo significado está por explorar. Tomamos distancia con esa herencia aborigen y Enterramos" lo que el investigador científico Dr. Rivero de la Calle demostró tempranamente: el % de sangre "amerindia" elevado que tenemos en vena la mayoría de los cubanos; pero esa página pasó al olvido, como la destrozada... del diario de campaña de Cabo Haitiano a Dos Ríos del Apóstol: Nadie quiere ser indígena en este paísjjj.

En el campo del Oriente cubano perduraba la habitación aborigen—el bohío, el bahareque...---, hasta hace poco que la silenciamos para siempre con el cemento al dar paso a la barbarie de destruir esos monumentos a la ecología que debíamos haber conservado..., pero la "civilización" impuso el concreto para dañar la Naturaleza y el ecosistema humano...Tengo el privilegio de habe experimentado el paso de varios huracanas por ese territorio oriental: esas viviendas están concebidas, producidas y orientadas de modo que resistan estos y otros eventos meteorológicos, como la habitación del Santiago de cuba donde residí casi toda mi vida en Cuba y allí experimenté el constante movimiento sísmico de la Tierra. Pero muy pocos se ocupan de relacionar el territorio, el ser humano que lo habita en compañía de animales, árboles y vientos con el pensamiento, las ideas, el pensamiento abstracto ni mucho menos con la famosa Filosofía...asunto exclusivo de tanques pensantes y de "caucásicas" Academias

También en el campo oriental dormíamos en hamaca, fumábamos y dejábamos que el humo del tabaco volara hacia los "ídolos" (los indios no tienen Dios ni santos ni ángeles como los cristianos, sino que son idólatras dignos de juzgar, condenar y por tanto masacrar...cuando el conquistador lo determinara...y en la Llanura del Cauto, en el justo centro de esa región del extremo de la Isla, entre Manzanillo y Bayamo, para ser fieles a lo aprendido de manos de geógrafos polacos en los 80--se forjó el Ser del Cubano y allí estuvo la "sangre" aborigen borbotando a montones sin que historiadores ni etnólogos hayan reparado en ello... La principal espiritualidad (no religión, por favor, cero dislate) del cubano tuvo ese origen aborigen allí y se mantiene como la más extendida y arraigada en todo el territorio nacional y comprobé cómo se estableció en Miami...y no sé en qué otros sitios del Orbe adonde emigraron mis compatriotas...

Estoy repasando las pocas obras serias y consistentes que estudian las filosofías y las ideas filosóficas en Cuba: no encontrado una sola de ellas dedicada al aporte aborigen a su historia, formación y sustanciación. Así somos de desmemoriados y malagradecidos los cubanos. Espero leer obras escritas por investigadores cubanos y no cubanos, como las del compatriota Ángel Velázquez, para confirmar o desestimar mi hipótesis que nunca el aporte "amerindio" ni africano ha sido reconocido, con la coherencia, la consistencia y la justeza que merece, con todo respeto a lo que han hecho en el pasado, y están haciendo en el presente, tantos excelentes pensadores, investigadores y escritores con quienes he tenido el honor de haber compartido estas aventuras, venturas y desventuras de quienes hemos dedicado nuestras vidas al estudio, la indagación y la promoción de estas cosas que para la mayor cantidad de los tontos que en mundo han sido son asuntos de gentes aburridas, dignas de estar en vitrinas como están los huesos de nuestros aborígenes en las gavetas del Smithsonian o en los Museos y espacios que visitan tantos turistas sin percatarse cuán aborrecible es esta práctica para nosotros, quienes nos enorgullecemos de no sólo tener sangre aborigen en nuestras venas, sino quienes reconocemos que esto va más allá de simple Arqueología, sino que tiene que ver con un Ser que nos distingue del resto de losm pueblos que compartimos en el Caribe, en América, en el hemisferio euro-occicental judeo-cristiano y en el mundo conocido.

IV.-Filosofía, ideas, textos de otros autores

V.-Bibliografía
Barnet, Miguel. **La fuente vida**. La Habana, Editorial letras Cubanas, 1983.

Días Caballero, Jorge Ricardo. A lo cubano…La Habana, Centro Félix Varela, Publicaciones Acuario, 2014.
James Figarola, Joel. **Alcance de la cubanía**. Santiago de Cuba, Editorial Oriente, 2001. Introducción de Julio Corbea Calzado.
Mañac, Jorge. **Indagación sobre el choteo**.
Millet, José y Manuel Ruiz Vila. **La Guinea, barrio afrocaribeño de Coro.** Coro, Estado Falcón, 2007. Texto introductorio acerca de la identidad cubana.
Vitier, Cintio. **Lo cubano en la poesía.**

VI.-Ficha académica del autor

José Millet. Escritor, poeta y etnólogo, nacido en 1949 en Holguín en el seno del matrimonio de un descendiente francés y de una humilde campesina de Mayabe, chamana y practicante del denominado Espiritismo de cordón, al cual ha dedicado estudios en varios de sus libros publicados. Licenciado en Letras de la Universidad de Oriente (Santiago de Cuba, 1975), hizo estudios en el Departamento de Filosofía de la Universidad de La Habana, editora de la revista **Pensamiento Crítico** y recibió formación en estudios regionales con geógrafos polacos de la Universidad de Varsovia. Se desempeñó como docente universitario en Filosofía y Literatura hasta convertirse en uno de los fundadores en 1982 de la Casa del Caribe, donde dirigió un equipo de estudios interdisciplinarios hasta que se residenció en el 2005 en Venezuela, donde fundó y dirigió un Centro de Investigaciones socio-culturales en el Instituto de Cultura del Estado Falcón (INCUDEF) en el que se jubiló en el año 2013. Su extenso CV puede ser consultado en la web: http://josemilletcurriculumvitae.blogspot.com.es. Actualmente imparte clases de cine a alumno de la carrera de Comunicación social de la Universidad Bolivariana de Venezuela (UVB), con sede en la capital del Estado Miranda, donde reside alquilado en un dormitorio.